右脳シフトで人類は進化する

ネドじゅん 著

プロローグ

脳と意識を探求しているオカンこと、ネドじゅんと申します。

あなたは、人類は進化すると思われますか。
それとも、この先、絶滅してしまうと思われますか。

この本のタイトルを見て、手にとっていただけたのです。
きっとそうしたことにご興味をお持ちでしょう。
わたしは、人類は間もなく進化すると信じています。

そう信じるに至った最初の出来事は、わたし自身に起きました。

今から8、9年前のある朝、突然、頭の中から思考の声が消えました。
その体験が衝撃的すぎて、しばらくは何が起きたのかわからない状態でした。

なんだかよくわからないけど、世界が急にしーんとしたんです。

何かがおかしい。異様に静かな世界。

それを表現しようとしても、喉がつまるみたいに言葉がいっさい出てきません。

ただ、自分の視線がまっすぐに、線のように伸びて、壁へと向かっていきました。視線そのものを意識したのは、生まれてはじめてでした。

その二本の直線は壁に当たり、わたしは壁を見ました。

こんなにまじまじと、自室の壁を見ることなんて、あるでしょうか？

すると、突然、**「帰ってきた」**という実感が身体を突き抜けて、涙とふるえが止まらなくなりました。

どこから帰ってきたの？

そのときはわかりませんでした。でも、すごく遠くから帰ってきて、「今、自分がここにいる」ということの衝撃が止まらなかったんです。

わたしが、ありありと、「ここにいる」という実感が大爆発しました。世界がキラキラと輝いて見えました。

もう何も探さなくていいんだ。
苦しみは、ぜんぶおわったんだ。
わたしはここにいるだけでいいんだ。

という感覚が、あとからついてきたんです。

それが、いわゆる「悟り」とか「意識の目覚め」「覚醒」なんて呼ばれる状態だとわかっ

たのは、それから何年も経ってからのことでした。

今でもこのことを、「悟り」という言葉を使って表現していいかどうかはわかりません。それでも、「わたしがここにいる」という感覚は、その後も、自分の中でどんどん深まっていきました。

それならいっそ、どこまで深められるのか、やってみよう！

今は、脳と意識の繋がりについて、日々実験・検証するような毎日を過ごしています。

わたしの頭の中から思考の声は消えました。でも幸いなことに、そこに至る意識変容のプロセスはすべて覚えていたんです。

それを『左脳さん、右脳さん。』という本にまとめて、Kindleで出版しました。とても好評をいただいて、単行本化していただきました（ナチュラルスピリット）。

また、三脳バランス研究所（通称：三脳研）という、「悟りを体感すること」を目的に、脳と意識にまつわる自主研究を行うオンラインサロンを開設しました。悟り意識になるための情報を、一か所に蓄積しておきたかったんです。

その直後、なぜかトップYouTuberのNaokiman Showさんにお声をかけていただいて、対談させていただく機会に恵まれました。**「脳を100%解放した女」**として。

それで多くの方に関心を持っていただくようになって、大きな会場で講演会をするなど、活動の幅をどんどん、拡大していっている次第です。

昔は悟りを開きたいと思ったら、インドまで行ってグルや覚者（真理に目覚めた人）と呼ばれる人のもとで、朝から晩まで瞑想したりして目指すものでした。

あるいは、滝に打たれたり、何年も厳しい修行や自己鍛錬を重ねなければたどり着けない境地でした。

そんな意識状態を、今は日本の住宅街の普通の部屋で、あるいは好きなときに、好きなところで、誰でも自分ひとりで目指せるようになったんです。

悟りはもう特別なものではないんよ。

これが、わたしが本やワークショップ、講演などを通してみなさまにお伝えしていることです。

つまり「悟る」ための〝やり方〟や〝システム〟はすでに、わかっているんです。

筋肉をつけるために腹筋や腕立て伏せするのと同じ要領、と考えたらわかりやすいかもしれません。やるべきことをただ順番に、がむしゃらにやっていただけたら、誰でもオカンと同じように、ただただ幸せで、ほんわか生きているような意識状態に到達できるんですよ。

三脳バランス研究所に参加されているみなさまのことを、わたしは〝研究員さん〟と呼んでいます。その研究員さんたちも続々と、「思考が消えました」「頭の中の声が消えました」「オカンの言うてたとおりでした」と言ってくれるようになりました。

嬉しい報告は、ほぼ毎日やってきます。

ずーっとごきげんで、ずーっと幸せ。

何か起きても、台風みたいに通り過ぎていくだけ。

自分の人生を変えたいと思うことがいっさいない状態。


その状態が、これまでインドに行って瞑想をくり返して得られた悟りと完全に同じかどうかはわかりません。

でも、少なくともそれと同じスタートラインには立てるとわかりました。


もちろん、研究員さんの中でも、はじめからとてもうまくいく人と、なかなかうまくいかなくて工夫が必要な方がいらっしゃいます。

だから実際は〝人によって〟というところがすごく大きいです。


先日、大阪で三脳研のイベントがありました。

１８０人の研究員さんがいる中で、**「思考の間」**（言葉の思考と思考が切れる間）を少しずつ広げていって、思考がいっさい出てこない空白の時間を味わえるポイントまで行けた方に手をあげていただいたんです。

なんと、５割を超える方が手をあげられました。

はじめての方もたくさん来られていたので、ワークをされている期間は人によってさまざまでした。それでも半数以上というその結果に、まず驚きました。

「ほぼほぼ思考が止まった」という方が、１／20くらいの割合。
「完全に思考が止まった」という方が、４名いらっしゃいました。

個人差はありますが、ほぼ悟りと言われる状態までは、**〝誰でもやったらできる〟**というところまでは来ているな、というのが実感であります。

今は〝普通の人があたり前に悟れる〟時代になってきたんです。

このことって、何を意味していると思いますか？

近頃、たくさんの人が急速に目覚めはじめ、悟れる人が増えてきているのは、オカンのお手柄などではありません。これは強調しておきたいと思います。同時に、個々の意識の持ち方次第だけ、というわけでもないんです。


わたしが〝**本体さん**〟と呼んでいる存在（おおもとのエネルギー）がくり返し、くり返し伝えてくるイメージがあります。

それは、**「これからの人類の選択」**と呼べるようなものかもしれません。

なんだか急に壮大な話になってきましたね。どうか、ついてきてくださいよ。

でも、本体さんと繋がって、同時に多くの人とも繋がっていけばいくほど、ありありと実感するものがあるんです。

じつは今、人類の歴史のなかでも大きな、そして急激な変化が起きています。

悟る人が増えていることと、本体さんが何度もわたしに訴えかけてくること、これらはリンクしています。同時に現実が「つらすぎる」人も増えていて、大人から小さな子どもまで、ギリギリの状態でもがいている方が多いように見受けられます。

これまで、わたしはいわゆる〝悟りの意識状態〟に持っていくためのワークを中心に活動を行ってきました。それはすごく大事なことなのですが、ワークをやればやるほど、その場ではどうしても伝えきれない〝**大事な何か**〟が出てきたんです。

それは、人類が進化するんだということ。

その、大きな曲がり角に、まさに今、差し掛かっているんだということです。

その情報は、わたしの内なる大きな意識、本体さんから、くり返しくり返し語られました。

人類は、進化する。

そんな大きな情報を、わたしに広めよというのでしょうか。
灯りを消した自室で、膝を抱えて考えました。
いくらなんでも、無理ちゃうのん。
一介の、普通のおばさんやで。

けれども、本体さんは静かに語り続けます。
出来事の繋がり、なぜ苦しい人が多いのか、なぜ世界はどこかへ向かって突き進んでいくのか。そしてその間にも、わたしの情報をもとに、苦しさを脱して、幸せ感に満ちた人生を得る方が増えていきます。

わかった、じゃあ、それに真正面から取り組んでみよう。
そうして本書が生まれました。

この本では、「悟り」を取り巻く状況と、その背景にある人類の大きな流れについて書いてみようと思います。

現実がつらい人に読んでもらいたいし、もっと幸せになりたい人にも読んでもらいたい。ようは、あらゆる人に読んでもらいたい内容です。

この本の中には、悟るための方法論はあまり出てきません。意識の話や悟りのメカニズムについての話は出てきますが、脳と意識の人類史、〝本体さん〟の伝える人類の未来、行き詰まったときに役立つシンプルな捉え方、すべてのものとの〝繋がり〟などを中心に書いてみようと思います。

「急がば回れ」みたいなことってありますよね。

これから悟りたい人にとっても、思考の声がなかなか消えないという人にとっても、その背景にあるものを知るのって、すごく有効なんじゃないかなと思います。うねりのような大きな流れを知ることで、より鮮やかに「意識が見えてくる」ことがあると思うんです。

すべては、みんなにめっちゃ幸せになってもらうため。
それが〝本体さん〟の望みなのですから。

では、さっそくですが、これから始まる大冒険の道案内をしてまいりましょう。

もくじ

プロローグ　2
第一章　悟りとは何でしょう？　17
第二章　悟りのメカニズム　35
第三章　人類は今、悟る方向へシフト中!?　59
第四章　「わたし」という物語の呪縛を解く　81
第五章　「ふたつの道」——みんな急いで右脳に戻れ　103
第六章　脳と心の人類史　119
第七章　敵なの!? 味方なの!? 孤高の存在 左脳さんに突撃インタビュー　147
第八章　悟りの過程で起こる不思議なこと　165
第九章　右脳さん、左脳さん。それぞれの攻防戦　191
第十章　これからの生き方——楽しい、おもろい、死ぬまで幸せ　215
エピローグ　233
●エレベーターの呼吸　238

第一章

悟りとは何でしょう？

オカン　ねぇ、本体さん。悟りって何でしょう。悟りとか覚醒とか呼ばれているのは、いったいどういう現象なんでしょう？

本体さん　人類は、いったん眠りに落ちたのだ。単にそこから、覚めるということだよ。

オカン　眠りに落ちたのは、いつなんですか。昔は起きていたってこと？

本体さん　起きていた頃は、君たちはわたしだった。そうして、その中で君たちをかたちづくり、君たちの時代が始まったんだ。君たちは、「眠りに落ちたわたし」っていうことさ。

オカン　うーん、つまり、人類はもともと、あなた、つまり、繋がり合う大きなひとつの意識だった。そこから、眠りについて、繋がり合うことを忘れた。ひとりひとりの、個人になった。

本体さん　そういうことだね。そうとう深く眠らないと、それを忘れることはできなかったんだ。

オカン　じゃあ、わたしたちが悟り、覚醒すると、わたしたち個人の意識は消えるんですか。大きな繋がり合う意識であるあなたが、もう一度、人類の意識になるんですか。

本体さん　いいや、そうではない。君たちはひとりひとりが、器になる。わたしが君たちを満たして、そして一緒に創造を学び始めるのだよ。

オカンが考える「悟りの定義」

この本を進めるにあたって、「悟り」とは何かについて、最初に定義しておきたいと思います。わたしの体感では、**頭の中に自動思考と呼ばれる「思考の声」があるかないか。**この違いだけが明らかでした。これが「悟り」を判断するための材料です。

かぎりなくシンプルです。

わたしたちは普段、自分が「思考している」と思い込んで生活しています。ところが、実際に思考しているのは脳であって、勝手につむぎだしたものなんです。脳にはいろいろな自動機能がそなわっていて、じつはあなたの意志とは無関係に動いているんです。

実際に思考しているのは、あなたとは別なんですよ！

それを「意識」が必要に応じて、「わたし」という主語をくっつけているにすぎません。

脳の思考に「わたし」がつくまでには、少しだけ時間差があると言われています。ところが、それがあまりにもクセになっているものだから、ほぼタイムラグなしに「思考」と「わたし」が同調してしまい、「わたし（自分）が思考している」と思い込んでいるのです。

これを「一体化」と言います。

自動思考があると、自意識の中心は「わたし」という個人にあります。自動思考がなくなると、自意識の中心は「身体の中にある、体温のような、ぼんやりとあいまいな感覚の広がり」にあります。

つまり、主語が変化するんです。強く確実な「わたし」という個が存在しなくなり、透明になっていきます。すると、さまざまなものが透けて見えるので、毎瞬変化し、毎瞬過ぎ去っていく、**〝ただの感覚〟**にすぎないものとなっていきます。

これは意識が、思考という脳の現象の〝外に出た〟状態と言えるでしょう。思考から外に出て、身体感覚とより強く結びついた状態です。ですから、この本でお伝えする「悟り」とは、**「〝自動思考がなくなった状態〟から始まる意識変容のこと」**としておきましょう。

現時点では（仮）なのですが。

「悟り」のおおもとをたどると仏教用語に行きつくと思います。でも、歴史ある伝統的な教義とわたしのお伝えしている「悟り」とでは、成り立ちもスタンスもまったく違うものです。なので、同列に語れるものではありません。今でも悟りと言ってしまうにはおこがましい気もしています。そもそもの根本をまったく別の表現で捉えている、ということをご理解していただけたらと思います。

「悟り」にまつわる感覚的なお話

自動思考についてはあとで詳しく触れていくことにして、まずは悟りが起こるとどんな感じがするか、という感覚的なことについてお話ししようと思います。

オカンにとって一番しっくりくる表現は、ただもう「ああ幸せ」です。

ずっと温泉に入っているみたいで、「あったかいな、気持ちいいな」という感覚だけをただ感じている状態。しかも高級旅館の温泉です。もしくは、「ずっとあったかいお布団の中にいる感じ」でもいいです。どっちにしても最高！

ほかの表現だと、「細胞から幸せ」「毎瞬毎瞬に意識がある状態」「いつも〝わたし、愛されている〟感覚がある」とか。「生きていくこと自体が楽しい」「もう何もいらない」「探していたものは全部身体の中にあった」なんていうものも。素敵ですね。少し独特なものだと「頭の中が透明な玉になったみたい」というのもありました。あ、これはオカンの感想です。

悟りがどんな感覚か、イメージがつかめましたか？

じつをいうと、わたしの体験としての悟りは、あまり書かないようにしていました。

自分のスバラシイ体験ばかり書くのもエラそうだし、ふつうのオカンだし、イラストを見ればわかるように、なんなら崇高度ゼロでしょう⁉

「悟ったらこうなる」というのは、すでに語りつくされてしまっていると思っていたんです。いわゆる悟り業界の中でも（そもそもそんな業界、あるんでしょうか）、自分は神秘体験派というより、脳神経派とか現実派というほうがしっくりきていたんですね。

だからむしろ、徹底して「やり方」しか書いてきませんでした。

それに、あれこれ言ってみなさんが自分で体験するときの楽しみが減ってしまったらもったいないじゃないですか！

オカン不変のスタンスはずっと、**「ぜひ自分で体験してください」**なんです。
でも、すでに何人もの人がワークを実践して続々と悟っています。その感覚や表現は個々で違うものですが、どんな感じになるのかをイメージして、少しでも多くの方に興味を持っていただけたらいいなと、今は思っています。

悟るとこうなる

いきなりですが、結論を言います。

悟ると、「今という感覚が、ものすごく拡大されます」。

昨日を含まず、明日を含まず、この〝今〟という感覚が長く感じられて、どこまでも拡大され、増幅していく感じ、です。

毎瞬毎瞬、「今しかない！」ってことなんです。

わたしの場合、最初に思考が消えた時はあまりにも衝撃が強かったので、まるで目隠しをして歩いているみたいでした。先のことがまったく頭に浮かんでこないので、〝一歩先に穴があって落ちてしまうかもしれない〟という緊張感の中、でも信じて一歩ずつ歩いていくような感じだったんです。後になって思えばですが、ごく短いスパンでの「いま・ここ」にいたようです。怖さもあり、ずっと驚き続けているみたいな感覚でした。

たとえば、自分の部屋に時計があるとしますよね。時計を見ても「こんなところに時計がある！」なんて誰も驚かないのはなぜでしょう？ ヘンテコな質問ですね。

答えは、時計を見た瞬間、それを買った過去の記憶がかすかに浮かび上がってくるから。その背景となる記憶をフォローしてくれているのが「左脳」の役割なんです。昨日も時計はそこにあった、一昨日もそこにあった、という記憶の積み重ねが支えとなって、人間はものごとを見ています。

その記憶がいっさい上がってこなくなって、〝今〟だけが広がっていった。いうなれば急激に右脳優位に切り替わったのが、わたしの最初の悟り体験です。

「今」しかなくなると、すべてが驚きになります。

はじめはバランスを取るのが難しくて、日常生活に難儀するようなこともありました。でも1、2か月もすると少しずつ慣れてきて、考えようとすれば時計を買ったときの記憶にうっすらたどり着けるようになりました。とはいえ、過去の記憶はモヤの向こう側にあって、自分とは全然繋がりのない感じではあったのですが……。

――悟ると、集中力が上がる。ストレスがなくなる。仕事が楽しくなる。健康になる――

悟った人に聞くと、こう答える人がいるかもしれません。ビジネス系の悟り本にもこういったことが書かれていますね。これこそ、**その瞬間の集中力が上がった「結果」**なんです。今が拡大されることで、「今日の晩御飯何にしよう?」「次の休み、何しよう?」なんてことは考えなくなります。当然、集中力がものすごく上がります。そして仕事が終わった瞬間にそれをすべて忘れるので、息抜きもすごくじゅうぶんにできるというような感じです。

悟りってすごく便利でしょう?

これまで例としてあげてきたような、悟りにまつわるいろんな表現はすべて、「今の拡大」が、日常の中で枝葉として現れた結果なんです。

悟りは日常の中にある

ビジネスマンだけではありません。小さいお子さんのいるお母さんで、子どもが泣くのがつらくてしょうがない、育児がつらくてしょうがない、という方がいらっしゃいます。

思考が止まって、身体が本来の愛の状態と繋がると、「子どもが泣いていても可愛い」「その泣き声自体が可愛くて泣けてくる」というような、根本的な心の変化が日常の中で起こります。ストレスの多い仕事をされている方でも、育児中のお母さんであっても、あるいは介護をされている方でも、悟るために〝必要な条件〟に違いはまったくないんです。

よく、「オカンはもう、イラっとすることなんてないんでしょう?」と聞かれることがあります。「いいえ」です。そりゃあもちろん、ムカムカ、プンプンしますよ。

でも、今が拡張されていると、すぐ忘れるんです。自分でも一瞬先には忘れることがわかっているのでケンカにはなりません。ムカムカ、プンプンが来て、すぐに〝**去っていく**〟。相手をどうこうしようという発想にはならないですし、なんなら次に会ったときにはお互いに別人になっているかもしれないじゃないですか⁉

わりと本気でこう思っています。悟ると、こういう捉え方になるんです。

悟ることは非日常の体験などではありません。

むしろ日常の中で悟りの状態になることが、ほんとうの悟りだと思います。

なにしろ、オカン自身がバリバリ日常の中で悟っていますからね。スーパーに行ったり、PTA会長をしたり、町内会の委員をやったり、パートで働いたり、親の介護をしながらでもできたんですから。

これまでの日常とまったく変わらない状況なのに、日々が幸せである。身体から愛が上がってくるというような境地こそが目指すべき場所。

――その人らしさを深めながら幸せになる――

これが、オカンの目指している悟りの姿です。

悟りの鍵「自動思考」とは

「悟り」がどんな体験であれ、すべては思考を止めるところから始まります。

ここでいう思考こそが、「自動思考」です。はじめにお伝えしたように、わたしは自動思考を止めることが悟りの定義であり、無二の条件と考えています。

自動思考は、もとは心理学用語ですが、今では一般化していて、「その瞬間ごとに頭に浮かぶ考えやイメージ」「反射的に生じる思考」「勝手にループしてしまう思考」「つい離れられなくなってしまう思考」などのことを言います。

どちらかというとネガティブで、〝**自分を責める声**〟であることが多いかもしれません。

「頭の中のひとり言の声」と言えばわかりやすいでしょうか。

でも、一番わかりやすい自動思考の捉え方は、「〝いま・ここ〟にない思考のすべて」です。

コーヒーを飲んでいるときに、「おいしいな」「コーヒーっていいよね」という思考は、少なくとも目の前にコーヒーがあるので自動思考ではありません。でも、「昨日、あの人にあんなひどいこと言われた」とか、「昔、ものすごく傷ついた」とかいう思考がぐるぐるしたら、どうでしょう？

そんなときは、**「それ、今ここに出せる？」「それ取り出して、手の上に乗せることができる？」**って問いかけてみてください。ここに出せないなら、それは全部「自動思考」です。だからそれ、すぐ止めちゃっていいです。〝止める〟ってことが一番難しいんですけどね。でも、「ああ、出せないんだ」とわかったら、いったんそれをぽいっと放って、机でもなでてたほうがいいです。「これだよ。これが、〝いま・ここ〟だよ」って。

そうやって無意識であれこれ言ってくる自動思考を、意識的にジャッジするところから始めてみるといいと思います。

人は一日に平均12000〜60000回の思考を行うそうですが、ネガティブな思考は、そのうち80％とも言われています。これらは全部、自動思考だと考えられます。人はなぜそんな悪いことばかりを考えてしまうのか？　という脳のメカニズムは後で説明するとして、とりあえず、このネガティブな自動思考を止めちゃいましょう！　ってことです。

すると、「あー幸せ」ばかりになります。

悟りは妄想？　いいえ脳機能のバランスです

悟り悟りって言うけど、「そもそもそれってオカンの妄想なんじゃないの？」って声が聞こえてきそうですね。率直なツッコミありがとうございます。

妄想かどうかは、身体感覚との結びつきがあるかどうかで判断できます。

妄想状態では身体感覚との意識的な結びつきがありません。そのため、感情や感覚に対してつねに受け身になります。いわば、〝見ているだけ〟です。ですので、一瞬だけならワンネス的なものを感じることはあるかもしれませんが、持続しないんです。

なぜなら、妄想自体が自動思考の中にあるものだからです。意識の外に出ていると勘違いしているだけで、実際はガッツリ自動思考……なんですね。

オカンの悟りが妄想じゃないことを証明することはとても難しいのですが（信じなくてもいいですよ）、わたしの状態は意識が思考という脳の現象の中から外に出て、同時に身体感覚と強く結びついている状態です。だから、ずーっと続いていきますし、途切れることも、もとの状態に戻ることもありません。何をしていても、完全に「いま・ここ」にいられます。

身体の細胞が〝生きている感じ〟の中にずっといる感覚です。

悟りとは、知識ではなく体感であり、状態です。

自動思考の有無を体感として理解して、実際に自動思考のない状態を体験し、それが持続するように日々進んでいくこと。これが理想的な「悟り」への方法論であり、一番簡単なアプローチでもあります。

悟ると現実も変わる

悟ると、〝幸せ〟という体感だけでなく、実際の身のまわりのものごと、つまり現実が変わっていくのも事実です。主観だけじゃなく、**状況もちゃーんと変わる**んです。

先日、ＫＡＤＯＫＡＷＡさんで、２か月の期間中に3回連続で行うワークショップがありました。１回目のワークでは「なんかイヤ」「全然わかんない」「何それ」というような方でも、３回目になると「思考の止め方はわかったんで、もう大丈夫です」とおっしゃられました。３連続ワークというだけあって、いつもよりかなりスパルタなワークではあったのですが。

最後にはみなさん違う顔になっていて、まったく違う人生になっている方もいらして、そりゃあもう、びっくりしました。

ペンションを持つのが長年の夢だったという方は、2か月の期間中に、「すごく安くていい場所を見つけて、買っちゃいました」と教えてくださいました。うそー？ですよね。となんでもなく莫大な費用がかかると言われていたのが全部なくなって、「ものすごい得したんです」と。すかさず「やりましたね！」って言いました。

自動思考を止めると、現実でも欲しいものがちゃんと手に入るんです。

またある方はこんな報告をしてくださいました。それまで、家族はお互いに傷つけ合ってバラバラになっていたそうです。ところが法事で集まることになったとき、なぜかなごやかに過ごすことができて、「また一緒にお酒飲もうね」って、また会うようになったそうです。トラウマのあった家族が〝戻ってきた〟という体験をされたのです。

この場合、ご本人以外の家族は何も変わっていません。

ただその人が変わっただけです。
それなのに状況が、がらっと変わるんです！

三脳研でもそういった経験をされる方はほんとうにたくさんいらっしゃいます。

ご夫婦の場合、奥さんの自動思考が止まるとご主人も変わりますし、お子さんも変わります。三脳研の〝あるある話〟といってもいいくらい、普通のことなんですよ。

なので、とにかく現実を変えたい！　というところから悟りを目指していくのもぜんぜんアリです。

どうですか？　やってみたくなりましたか？

第二章

悟りのメカニズム

オカン　本体さん、わたしはとても不思議に思ってることがあるんです。どうして、大脳は真ん中で分かれて、左脳と右脳になっているんでしょう。もっともっと分かれていて、たとえば1脳2脳3脳4脳、でもよかったんじゃありませんか。

本体さん　もちろん、最初から計画されていたのだ。最後の最後に、意識が眠りにつく左脳はね。これが生命の、最初のチャレンジだとでも思うのかい。

オカン　ぐへぇ。「最初のチャレンジだとでも思うのかい」って、ホンマですか。生命が惑星に生まれて、進化して、知的生命体になったところで、意識が左脳に至って眠りにつく。ここまで、計画的やったってことですか。

本体さん　惑星に、ではない。地球に、だ。ここでは、これがうまくいくとわかっている。

オカン　ということは、この地球で何回も何回も、実験してきたってことですか。

本体さん　ここは夢なんだよ。一晩で消える夢ではなく、コントロールされた長い夢なんだ。

何度でも見れるし、何度でもやり直せる。だが、それは愛され、多くの意識が繊細に調整し続けている、大切な夢だ。大切な夢のひとつなのだよ。

脳についてのお話

悟りは〝脳の機能のバランス〟によって現れると考えています。自動思考がほぼ消えたのちに、「悟り」と感じられる独特の脳バランスが現れるのです。

まずは脳の機能について知ることが大切なので、少しだけお話しさせてください。

わたしたちの頭の中には脳が入っています。その中で一番大きい部分が大脳で、左右ふたつに分かれています。そして身体の右側にあるほうを「右脳」、左側にあるほうを「左脳」と呼んでいます。

真ん中できれいに分かれてはいますが、右脳と左脳は完全に別の器官というわけではありません。両方の脳をつなぐ神経回路が存在し、同じ血流から栄養を分け合い、全体で統合されて動いているのです。

けれども、右脳と左脳にはそれぞれ得意分野のようなものがあり、性格のようなものまであると、わたしは感じています。それをふまえて書いたのが一冊目の著書『左脳さん、右脳さん。』（ナチュラルスピリット）でした。

また、これは右脳さんから教わったのですが、右脳と左脳にはバランスがあり、どちらかが強いとどちらかが弱るという関係性もあるようです。

あらためて、その特徴をお話ししましょう。

悟るために必要な知識だけをわかりやすくピックアップしているので、これはかなり大雑把な分け方です。ですから、ここでも「左脳さん」「右脳さん」という呼び方をしたいと思います。

※この本の中では、ふつうに「左脳」「右脳」と表現している箇所もあるのですが、それは気分……いえ、感覚的にしっくりくるほうで言っているだけなので、あまり厳密に考えないでください。

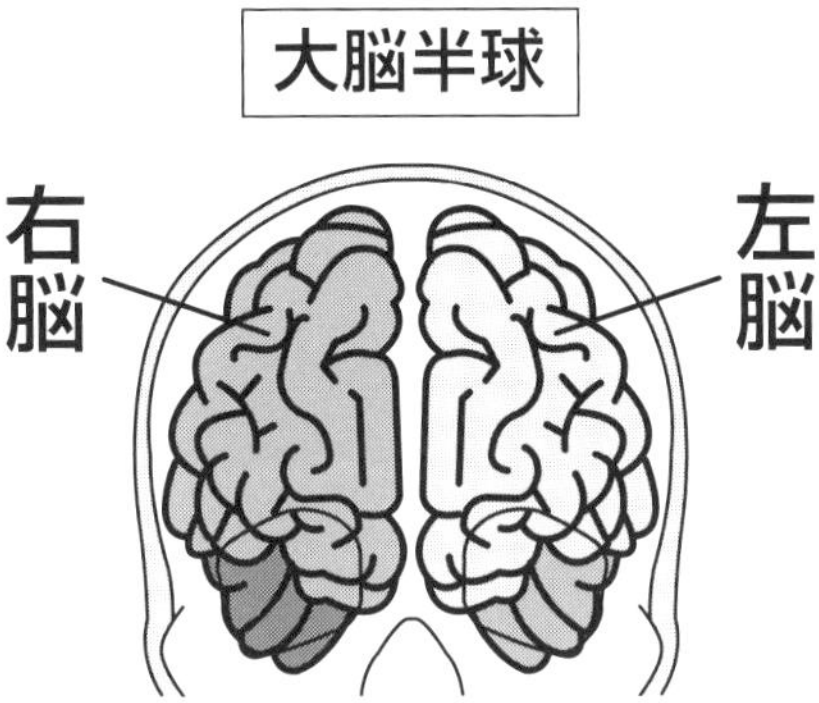

■右脳さん——太古から大自然を生き抜いてきた野性的な脳

・右脳にいる個人を構成する意識の一部であり、**機能意識**（※）のひとつ。
・直観を担当。ひょっとすると高次元の意識の一部である可能性も⁉
・ほとんど言葉を使わず、かわりに思い浮かんだ絵や歌の歌詞、なにげなく見た写真、本の一節、ＷＥＢページで目にとまった内容などにメッセージを込めていることも。
・意識を「いま・ここ」に集中するのが得意で、幸せで、子どものように遊ぶのが大好き。

「いま・ここ」に集中するのが得意なのは、大自然の中でぼんやり明日のことを考えていたら、他の動物に襲われて食べられてしまうから。とてもクリアに、「いま・ここ」の状況を感じ取ろうとして、幼い子どものように目をキラキラさせています。

視界のすみずみどころか３６０度ぐるりと見渡して、いまこの瞬間の音を聞き、肌で風を感じ、同時に自身の身体にも意識が満ちています。

右脳は全身の神経の親分で、右脳優勢であるとき、身体はいきいきとします。体中の生命エネルギーが沸き立って、水蒸気のようにモワモワと皮膚から出ているような気さえします。

覚えておいてほしいのは、右脳さんに思考の声はいっさいないということです。

■左脳さん――人間社会を生き抜こうと進化してきた、言葉をつかさどる脳

・左脳にいる個人を構成する意識の一部であり、**機能意識**（※）のひとつ。
・自分という個人が大事で、言葉による思考を担当。
・人工的なもの、名前のついたもの、社会ルール、時間管理、人間同士のコミュニケーションが得意分野。
・「いま・ここ」に意識を向けることは苦手で、過去や未来を考えるのが好き。

左脳さんは、人間社会や人間関係に対応すべく、超絶な進化を遂げてきました。人間は群れて生きる動物の一種なので、コミュニケーションが大切になってきます。というわけで仲間と意思疎通し、集団の中でうまく生き延びるために、ややこしい働きをします。

そのため、自然な本能や本性は抑え込まなければなりません。さわやかな風が吹いていていても、素っ裸で外を歩くわけにはいかないんです。

社会には細かい決まりがたくさんあって、つねに次、その次、を考えなくてはいけません。正直だるいし、面倒なことをたくさんしています。左脳さんは高度化する現代社会の中で懸命に、全力であなたをコントロールしています。

※「機能意識」とは、オカンがそう仮定し、名前をつけたものです。その人を構成する意識のひとつで、心臓の鼓動と同じように、あなたが意識しなくても脳が勝手に行っている自動機能のようなもの。右脳さんで言えば「直観という機能の意識」、左脳さんで言えば「思考という機能の意識」というように、おおざっぱに捉えておいてください。

使うほど強化される「記憶」や「思考」

少しややこしいかもしれませんが、脳の神経細胞についても触れさせてください。

一番メジャーな「ニューロン」は、脳全体に1000億個ほど存在すると言われています。ニューロンには2種類のヒゲがあって、細胞体のまわりにある短いヒゲが樹状突起《じゅじょうとっき》、細胞体から伸びた長いヒゲが軸策《じくさく》です。軸策は別のニューロンの樹状突起と接続しています。

これが脳神経回路をかたちづくっているそうです。

ニューロンが情報を伝達するとき、活動電位と呼ばれる約100mVのスパイク信号を出します。オカンもニューロンが電気信号を発するときの画像を見たことがありますが、わたしたちが何か思考するとき、**神経細胞が発火**しているんです！

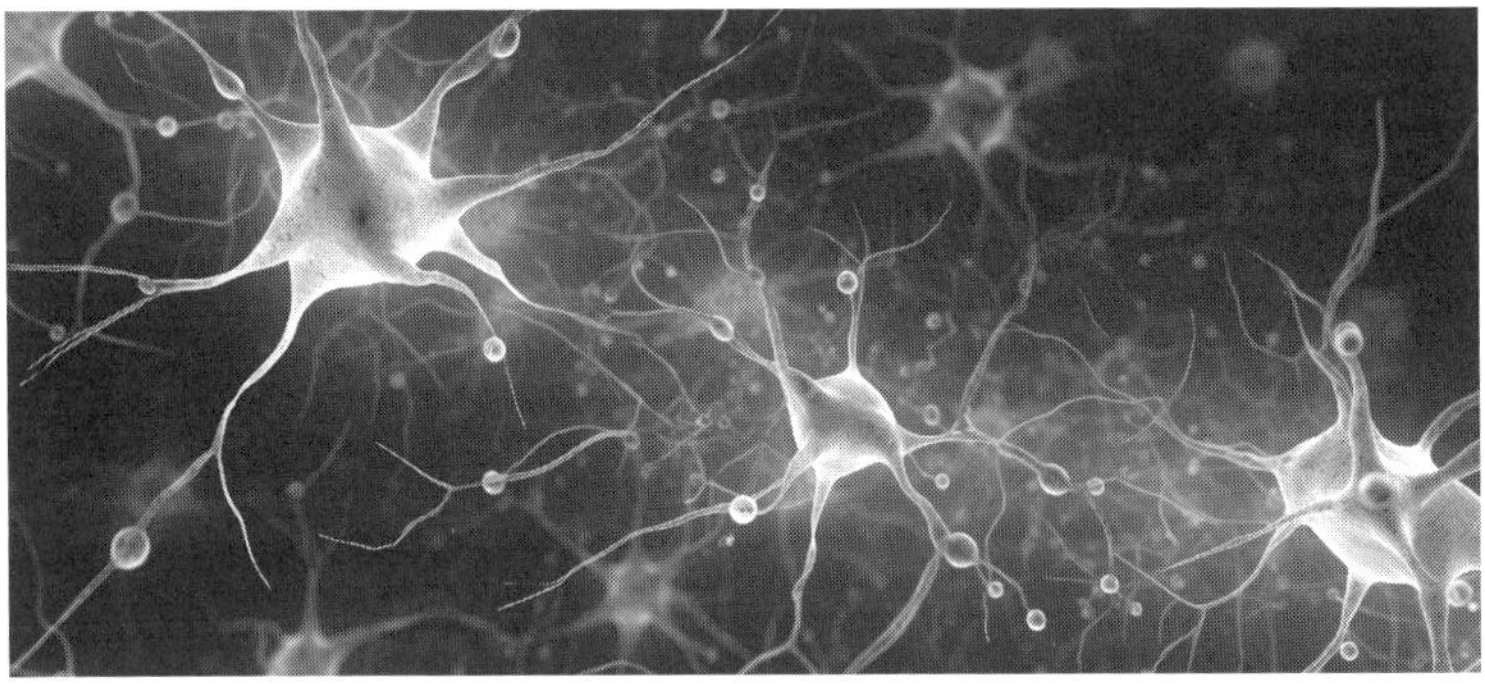

The Water Meloon Projec/stock.adobe.com/jp

その刺激をものすごい速さで次から次へと伝えることで脳が機能しているというわけです。

それだけではありません。1兆個以上ものグリア細胞（中枢神経系を構成する神経細胞《ニューロン》以外の細胞の総称）が、マネージャーのようにニューロンの働きを助けています。1兆個ってすごい……。

その一種であるオリゴデントロサイトは、ニューロンの軸策に巻きついて、絶縁体の役割をしています。そして、同じくグリア細胞のひとつ、アストロサイトは、血管とニューロンの間に入って栄養を運んでいます。この細胞はよく使われるニューロンに対しては電気刺激が流れたことを瞬時に感知して、その働きに見合った栄養をじゅうぶんに回してくれます。

このようにニューロンは、より数の多い他の細胞たちに綿密にケアされ、栄養を与えられながら繋がることで、複雑なニューロンネットワークをかたちづくっています。

こうしてできたネットワークが「記憶」や「思考」の正体というわけです。

※参考「日本学術会議」「国立研究開発法人　科学技術振興機構」

自動思考を生み出す神経回路

このように、脳は神経細胞のおかげでかなりフレキシブルに回路をつくり変え、よく使われる神経回路は強化されて機能を高め、あまり使われない回路は撤収したり、必要に応じてつくり変えたりします。かなりざっくりした説明ですが、こんな仕組み、ということを知っていただけたらと思います。

ここからはオカンの持論になります。

わたしは、「自動思考」を生み出しているニューロンは左脳にある、と考えています。

左脳さんの一部ですから、ここの脳神経にとって意識はできるだけ「いま・ここ」から離れていたほうが都合が良く、過去を残念がり、未来を恐れ、嫌な記憶に振り回されていてほしいと思っています。暗く、後悔にまみれた、思いきりネガティブな思考が大好物です。

やっかいなのが、**「思考はクセになる」**ということ。脳はある意味で安易に思考し、安易に栄養を欲するようになります。脳が栄養を欲しがると、どうすると思いますか？

ストレス物質を放出するんです。すると、あなたの気分はどんより重くなり、すべてがうまくいっていないような絶望的な気分になり、そして、思考しはじめます。


「いったい、わたしの何がいけないんだろう？」と。


そこに条件なんてありません。「いま・ここ」が幸せな環境であっても、不幸は無限につくりだせます。過去や未来からいくらでも引っ張ってくればいいんですから。

そうやって、過去や未来を思考させることに成功すると、左脳さんは無敵状態になります。何度も同じ思考が流れると、グリア細胞がそこに栄養を与えます。すると、実際にニューロンの軸策の先の結合部分が大きく膨らみ、強化されます。そして、その膨らんだ部分からは、伝達に必要な物質が他より多く出るようになります。

左脳さんの立場になってみれば、あなたがお馴染みのネガティブ思考をすればするほど、栄養としてご褒美が届けられるようなもの。ウハウハ状態です。「いま・ここ」に懸命に意識を向けさせようとする右脳さんなど、微弱な電気刺激にすぎません。思考の声でいっぱい、ストレス物質で鬱状態となった意識には、何も聞こえないでしょう。

この回路が強化されることで、電気刺激が通り続け、一日中、あなたに向けて自動思考を流し続けるのです。過去に誰かに言われたことや将来の不安、これから遭遇するかもしれない困難、嫌な相手、愛情を注いでくれない親や恋人、不幸、不運……ぜんぶ思考化され、ストックされることで、太くて強い回路ができあがります。

これが自動思考のもととなる脳神経回路であり、「わたしという物語」です。

自動思考を止めるためには、この神経回路に真っ向から取り組んでいく必要があります。わたしたちからするとかなり横暴で難儀な回路ではありますが、その仕組みをざっくりとでも知っていれば、おのずとそれをほどいていく方法、つまりリリースする方法が見えてきます。ややこしい部分ですが、きっと楽しい取り組みになりますよ。

使うほどに強化される脳神経の仕組み

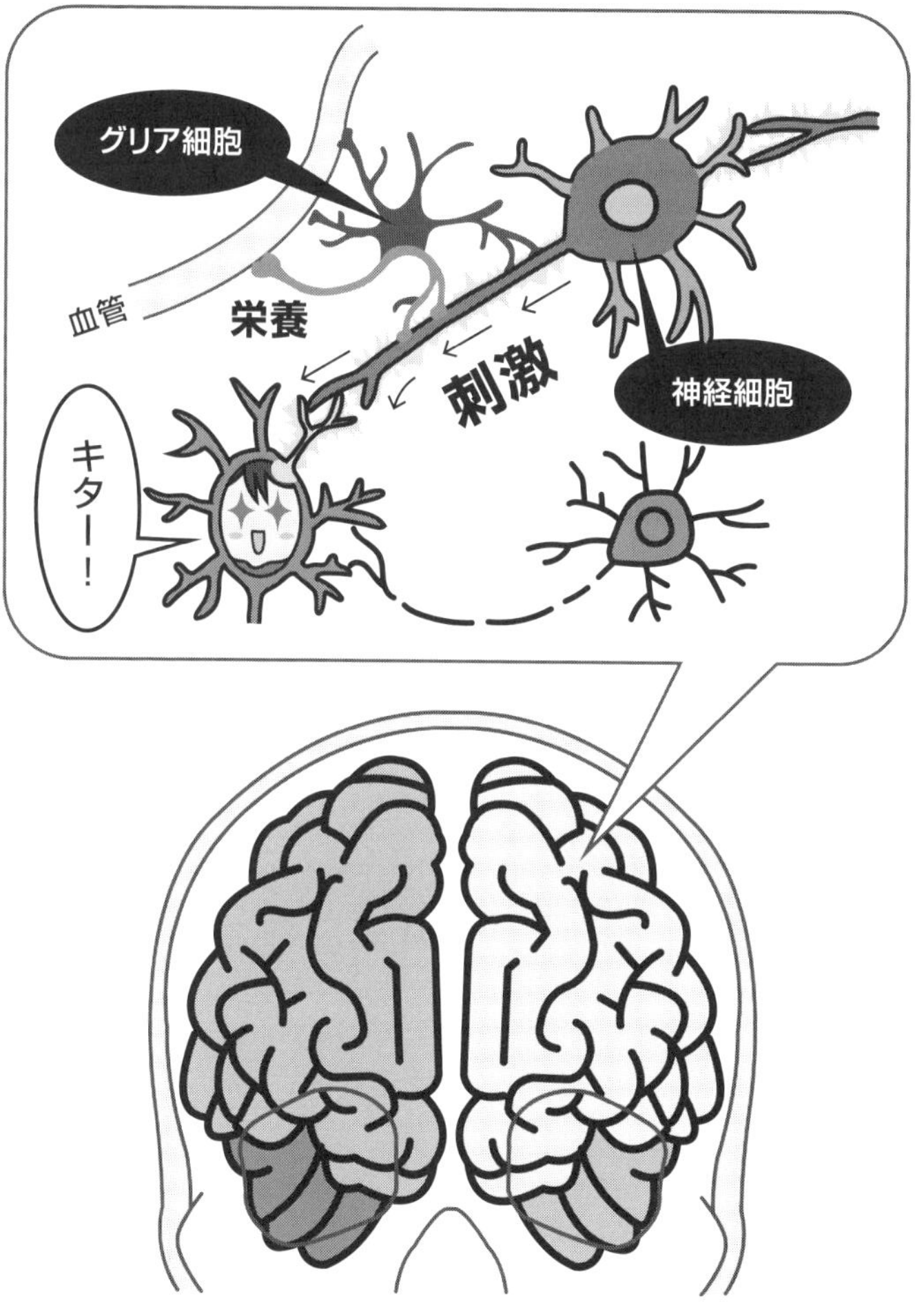

■ステップ1　脳神経回路に「気づいて」止める

自動思考を生み出す脳神経回路に打ち勝つ、たったひとつの方法がります。

それが「気づき」です。

でも、スピリチュアルな〝気づき〟じゃありませんよ。ここ注意です！

単に「ああ、そうかと気がつく」ほうの、気づき。

目の前にパソコンがあるなら「目の前にパソコンがある」ということを気づく。つまり目の前の〝現実〟に意識をチューニングして、過去や未来の不安を考えたりする時間を減らしていく感じです。

自動思考の神経回路は強固で、しかも強制的に意識にアクセスしてくるため、わたしたちは普段、「気づいたら思考している」状態になっています。思考に乗せられて、つい続きを考えてしまうのが自然です。でも、そのあとで、思考に乗せられたこと自体に「気づく」というステップを選択することができます。

「あ、今、思考に乗せられちゃった」「しばらく考えてしまったけど……気づいた。気づいたぞ！」「思考に気づいたぞ！」

このステップがもっとも重要なんです。自動思考が流れて、いったんそこに乗せられてしまっても、必ず気づくこと。「意識が〝いま・ここ〟からはずれて、思考に巻き込まれてしまったな」という気づきが、ニューロンの発火を止めます。思考の続きを考えないことで、自動思考を引き起こす神経回路への栄養補給が止められるんです。

ここで大切なのは罪悪感を持たないことです。「また思考してしまった」というような必要のない罪悪感こそが、自動思考を流す神経回路にとっては最高に美味しい餌だからです。

思考が流れる ← いったんは乗せられる ← でも、すぐに気づく

ここまでが、1ステップ目です。このステップにこそ最大の効果があります。

ここでガッツポーズをはさみましょう。

意識的に口角を上げて笑顔になってください。なぜなら、脳神経細胞は発火刺激が通った後で、喜びや笑顔が発生したかどうかを検証するのだそうです。だから大真面目に言ってます。「できた」「やった！」「いい感じ！」という意識的な刺激が、違う脳神経回路を育ててくれます。思考に気づけたことにご褒美をあげてください。笑顔やガッツポーズ、褒め言葉、おいしい飲み物など、なんでもかまいません。すると、今のこの反応は歓迎されているのだなと脳細胞たちが気づきます。

注意が必要なポイントは、**「思考の内容には触れない」**ということです。どんな思考であっても、「気づいて、止める」だけです。「おや？ 今の思考はなかなか重要そうなことを言っていたぞ？」なんて気づきはまったく不要です。するのは、すべての自動思考の出現に気づくことだけ。気づくことで一瞬でも、その思考から離れることが大切なんです。

すぐにまた思考がやってくる人は、「その思考は今、いらないよ」と口に出してみるのもいいでしょう。はじめは難しくても徐々に慣れてきます。そしたら1秒もかからないくらいで、すぐに気づけるようになります。それまで向こう半年くらいは続ける覚悟でいてくださいね。

■ステップ2　脳の神経回路を切り替えて「神経」と繋がる

2ステップ目は、自動思考の神経回路に繋がらないために、あなたが**身体の「神経」と繋がる**ことです。「神経」とは、首から下の身体に伸びる神経のこと。この〝なか〟に意識を入れ込むイメージをするんです。簡単に言えば、身体のどこかを〝集中して感じる〟ってことです。意識を頭ではなく身体の下のほうに向けると言ってもいいでしょう。

身体の神経は、右脳さんの〝巣〟みたいなところです。

神経に集中して、そことのリンクを真剣にやっていると、その間、思考は途切れます。

あなたの意識は右脳とともにいて、右脳を揺り動かします。右脳さんとの繋がりがどんどん出てきます。ですが、この集中が一瞬でも途切れると、とたんに自動思考を流す回路が割り込んできます。意識と意識の〝間〟に割り込んでくるのです。そして、すかさず自動思考を流し始めます。

「身体を意識する」っていうと簡単そうに聞こえますが、自動思考を流す神経回路を抑え込むほどに集中して神経を感じ取るには、それなりの練習が必要になってきます。ですから、自分に合った神経と繋がるためのワークをいくつか探しておくといいでしょう。

一番は、「エレベーターの呼吸」がいいと思います。

この呼吸法は、オカンが右脳さんから教えてもらった、意識の焦点をお腹から下のエネルギーの根となる部分におろす呼吸です。

エレベーターの床の動きを意識することで、脳から脊髄を通ってお腹の中に伸びている自律神経を**〝意識で〟刺激**します。自律神経は、右脳さんとコンタクトをとりやすいポイントなので、「ここにいていい」という感覚を思い出させてくれるでしょう。あなたがお腹を強く意識しているとき、左脳さんはあなたをつかまえていられなくなります。思考のグルグルを断ち切るのにもこの呼吸は有効です。

巻末（P238）にやり方を載せておきますので、ぜひやってみてください。

その他のワークについて本書では詳しく触れませんが、『左脳さん、右脳さん。』（ナチュラルスピリット）や、『しあわせ右脳で悟リズム』（永岡書店）、『2か月で人生が変わる右脳革命』（KADOKAWA）、などの本にもたくさんの方法が載っています。また、三脳研でも日常の中で取り入れやすい、さまざまなシーンで使えるワークをたくさんご用意しています。オカンのYouTubeチャンネルでもやり方を紹介しているので、興味のある方はご活用ください。

悟りが起こる「最初のスイッチ」

と、ここまで速足で説明してきましたが、みなさん、大丈夫ですかー？

なんとなーくの理解でいいですよ。

講演会を聞いたり、オカンの他の本を読んでいる方には復習のような内容だったかもしれません。なんとなーくでいいとか言いつつ、とっても大事なところなので、あえて書かせていただきました。

悟りというと、何やら厳かなものとか、苦行の後に得られるものというイメージを持っている方も多いと思います。でも、わたしがお伝えする「悟り」は不思議なエネルギーとかの話ではないということは、おわかりいただけたでしょうか。

三脳研のワークで自動思考を止められた方は、みなさん一様に、**「脳神経だったんか！」**っておっしゃいます。そして、自分を苦しめているのは自分ではなくて、「脳神経回路の働きだったのか」と。そのことに気がついた途端、いろんな突っかかりがバラバラと崩れて、その後にすべてから解放されるような体験をされます。**そう、「悟り」です。**

悟りの世界でもこんなことを言っているのは、たぶんわたしだけのような気がします。かなり異質でしょうね。でも、どうあれメインの主張は、**「自動思考を止めるということが悟りの最初のスイッチである」**ということです。

回路を「分岐」して定着させる

その後のことは全部が自動的に、しかるべきタイミングで起きてくるので、あまり気にする必要はありません。ただし、筋トレのように時間をかけて根気強く取り組む必要はありますよ。なぜかというと、自動思考を流す回路に電気が流れないようにするために、ゆっくり

ゆっくり下地をつくっていく必要があるからです。

「電気が流れて思考がぐるぐる回りだしたら身体（神経）に意識を向けましょう」「また回りだしたら身体（神経）に向けましょう」というのをくり返しやっていくと、太くなっていた回路に**「分岐」**ができていきます。これまでのように簡単にぐるぐる回らなくなっていくのは、回路があまり使われなくなるので、細く、かよわくなっていくからです。

〝気づき〟（考え方に変化をもたらす知識）一発でいけるんじゃなくて、「太くなった回路に栄養が回らないようにしていきましょう」というアプローチになるので、時間がかかるんです。**数か月から半年くらいはかかるかもしれません。**自動思考を止める仕組みはシンプルでも、この部分だけは唯一、それなりの根性が必要になる部分と言えますね。

「自動思考に気づいたら即、エレベーターの呼吸をする」という流れを繰り返すことも有効です。それだけで、いつもの自動思考に巻き込まれない分岐がちょっとずつでき始めていきます。あるいは「いま・ここ」にあるものに意識を戻していくようなことをするだけでも、けっこう分岐できます。はじめは少しずつでも、続けていけば確実に変わっていくはずです。

ふたつだけ覚えたら、あとはご自由に！

以上のようなことを、はじめはオカンひとりの意識で、誰にも知られずに人体実験していました。家族も知らなかったくらいです。でも幸いなことに、今では三脳研というオンライン研究所で、たくさんの研究員さんたちに参加していただきながら、脳と意識にまつわる記録や検証を進めています。

その過程で、自動思考を止めること（ステップ1）に加えて、身体の神経と繋がる（ステップ2）という2本柱になっていったという経緯があります。その両方が必要であるというよりも、**「そのほうが手っ取り早い」**というのが最新結果となっていて、じっさい多くの研究員さんで実証済みです。なので、この本でも2ステップで書かせていただきました。

はじめのうちは神経や身体と繋がっても自動思考はまだまだ出てきます。でも自動思考にパワーがなくなっていくので、「自分の声じゃない」とわかるようになります。

つまり、気づきやすくなるんです。

三脳研では、それに気づいたら「叱る」っていう方がいますね。「もう、今はそれやめてよ！」って叱ったら、出てこなくなるんだそうです。そんなふうに、みなさんそれぞれのやり方で自動思考と自分を分離することに取り組んでおられます。

システムさえ理解できれば、あとのやり方は自由です。


では、いったい何のためにそれをするのか？

それは、**「直観と繋がり、直観を信じる」**ためです。

思考を止めて身体と繋がるだけじゃなく、思考のかわりに直観と繋がる必要があるんです。

直観は右脳さんの得意分野です。右脳さんを信じてうまい具合に協力し合えるようになると、小さな奇跡がたくさん起こってきます。次第にそれが頻繁に起こるようになっていき、やがては人生を変えるような大きな奇跡に繋がっていくのを目の当たりにするはずです。

まあ、それはおいおいのこととして……、まずはピンポイントに自動思考を止めること、そして神経と繋がることのふたつ、ここが大事です。

正直、人格とかはどうでもいいです。あなたは、あなたの凸凹のまんまでいい！

観念みたいなものもぜーんぶすっ飛ばして大丈夫。とにかく思考を止めて身体と繋がれば、「愛の体験」とかワンネスとか言われる体験は勝手に起きてきます。

だから——。
結論：このふたつだけでいいんです。

どうですか、面白そうでしょ？

あやしい？ 楽しい？
「三脳バランス研究所」はこんなところです！

三脳バランス研究所（通称：三脳研）は、「悟りを体感すること」を目的に、脳と意識にまつわる自主研究を行うオンラインの研究所。脳と悟りのメカニズムを学ぶ基礎クラスや、「自動思考に気づく」「エレベーターの呼吸」「いま・ここの呼吸」などを柱とし、専門家の先生をお呼びして、瞑想や心理療法のフォーカシング、運動、非二元思考、癒し研究室など、多種多様なアプローチのワークや研究室を展開中。所長であるオカンのもとには毎日、「思考が止まりました」という声が届き、誰もが普通に〝悟れる〟ことの実証や検証が日々進んでいる。

第三章

人類は今、
悟る方向へシフト中!?

オカン　本体さん、左脳が言葉に強く関連付いているのは、きっと意味があるんだと思うんです。言葉を使うようになって、それを文字にして、伝え合うようになる。そのことが、意識が左脳に移動して定着する時期、つまり意識が大きな意識から離れて眠りにつくタイミングとして設定されているんじゃないでしょうか。

本体さん　そのとおりだね。ひとつのサインとして、存在している。

オカン　それから、脳の大きさも。きっと、食べ物が豊富にないと、脳を大きくすることはできないと思うんです。じゅうぶんに食べ物が手に入るようになる、これもタイミングなんでしょう。

本体さん　もちろん、そのために、ゆっくりと社会をかたちづくってきたよ。個体数を増やすことと、食べ物を確保することは、時間をかけて行わねばならなかった。

オカン　その間、人類の意識は、ずーっとあなただった？

本体さん　ひとつの意識が、身体に分かれて慈しみ合うのは、本当に楽しいことなのだよ。身体が死んでも、何度でも生まれてこれるのだから、笑い合うためにやってくる。ときには、壺の続きをつくりたくてね。

オカン　壺。ということは、縄文時代、ですね？

本体さん　現在もさ。子ども時代は、わたしが生きている。わたしがその子の意識を抱っこして、ともに生きているのだ。ある日、その子の意識が左脳に入って、わたしが眠りにつくまでは。

現代人は左脳過剰症候群

わたしたちは、子どもの頃から正しい大人になるための教育を受けてきました。そこで注ぎ込まれるのは、社会という人間コミュニティの中で生きるための知恵。言葉で会話し、相手の気持ちを想像し、心を配り、つねに正しさを求めるという方向性です。そのおかげで人間は文明を発展させ、快適な社会をつくることができました。**わたしたちが今、生きている社会は、左脳ベースのもとに成り立っている**のです。

左脳さんは人間社会を生き抜くための機能意識です。人間同士のコミュニケーションに特化していて、得意とする分野は、言葉による思考、数字や時間管理、過去や未来を考えることなどです。名前のついたもの、社会ルールなどもそうです。

立ち止まって考えてみてください。わたしたちは長い間、社会から、左脳要素である「**左脳ファクター**」ばかりを要求されていないでしょうか? まるで右脳なんてどうでもいい、育てなくていい、右脳を抑え込み、超えていくべきだと言わんばかりです。

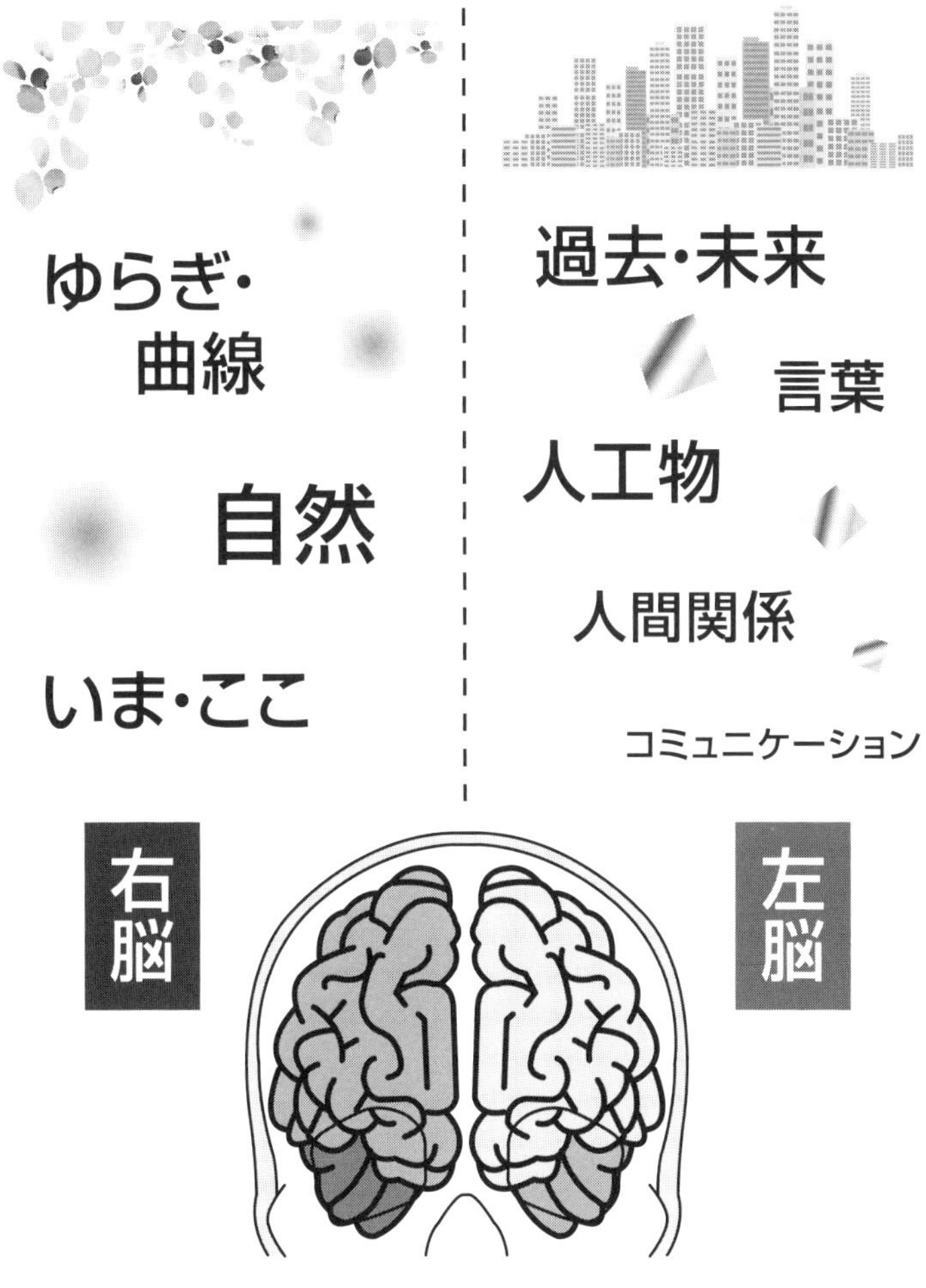
ゆらぎ・
曲線
自然
いま・ここ
過去・未来
言葉
人工物
人間関係
コミュニケーション
右脳
左脳

これは、地球全体のバランスで考えてみるとわかりやすいかもしれません。

人間社会という左脳エリアがあり、ジャングルや森林など手つかずな大自然の右脳エリアがあるとします。人間は社会のエリアにしか関心がありません。そこには成功や失敗がぎゅうぎゅうにつめこまれていて、やたらギラギラしています。人々はここにエネルギーを過剰に注ぎ込み続け、都市は発展し、人間関係はますます濃密になっていきます。

そして大自然のエリアはというと、抑え込むか、利用して搾取するか、あるいは自分たちには関係ないから放っておけ、というわけです。

文明が発達して以降、人間のエリアはどんどん増えています。大自然と言っても、手つかずの部分はもうほとんどなくなっていて、大抵は国立公園として管理されていますよね。

それでいくと左脳過剰というのは、地球の上で人間が占有している地面の割合と同じように思えます。あるいは、自分の部屋にひとり座って、昨日人に傷つけられたことをぐるぐる思考で出し続けている人と（そこは快適で安全な場所なのに）、地球のことなんか関係ないとばかりに工場から排気ガスや有害物質を出し続けることも、まったく同じように見えるんです。

ずいぶんアンバランスな状態なんです。ところが、過剰さが過剰さを産む社会の中で育ってきたわたしたちは、自分自身の中にもその過剰さを映しこんでいるということに気づけません。それも当然です——まわりがぜーんぶそうなんですから。

水面下では両方の脳が機能しているとはいえ、わたしたちは意識を右脳と左脳のどちらかにしか置いておくことができません。とすると、現代人はほぼ全員が、**「左脳過剰症候群」**にかかっていると言っても過言ではないでしょう。

おそらく現代に生きる人のほとんどが、ものすごく太い、思考の、言葉の、回路を持っているんです。

一章で、悟りは脳の機能状態によって起こると言いました。そのためには頭の中で流れる言葉による思考、「自動思考」を止める必要があります。そのことに立ち返ると、わたしたちはまず、過剰になりすぎている左脳を静めなければいけないのです。

わたしたちは左脳過剰の状態から**右脳ベース**の状態

へ、左右の脳のバランスを逆転させようとしているんです。左脳ファクターを減らして右脳ファクターを増やしていく。

それが、これからわたしたちが進んでいく方向性になります。

人間のつくったものは言葉でできている

ここでちょっと、まわりを見渡してみてください。

視界には何が入ってきますか？

山小屋に住んでいる人は別として、お部屋の中にいらっしゃる方、特に都会に住んでいる方は、多くの人工物が目に入ってきませんか？　それが悪いわけではありませんが、それらを見ることで左脳さんはさらに活性化していきます。

なぜなら人間がつくったものは、
明確に言葉によって構成されているからです。

こうして**左脳さんの無限ループ**が止まらなくなると言ってもいいでしょう。

わたしたちが特別意識しなくても、意識の水面下で左脳さんは、視界に入ったものすべてを言葉に変換し続けています。左脳の刺激は目や文字だけというように、五感の中でも偏った部分を使っているんです。

逆に大自然の中に身をおくと、右脳さんが活性化します。

木の鬱蒼と生えている森に身を置くと、ひんやりした空気を感じたり、土の匂いを感じたり、木々のざわめく音が３６０度、全方向から届いて、部屋の中とはまったく違う刺激が脳にやってきます。そういう身体全体でいっぺんに感じる刺激が、神経を通って脳に来ることで、圧倒的に右脳が刺激されます。

ふと春の風の匂いとか冬の風の匂いを感じることがありますよね。そういう微妙なラインのことを、わたしたちは神経を使ってやっているんです。ですから、都会よりも田舎に住んでいる人のほうが右脳さんは元気です。

某宅配便屋でパートをしていたとき、傘の存在を忘れるぐらいの環境におりました。たくさん荷物を運ぶので、レインウェアこそ着ますが意味はなく、ずぶ濡れで作業するのがあたりまえ。土砂降りの雨やとんでもない暴風に、日常的にさらされるという経験をしたのです。

真冬には氷の粒が降ってきて顔にビシバシ当たったりなんかして。

そのとき、なんだかすごく心地良かったんです！　台風のときなんて風を受けて台車がぐるーっと回ります。それにつられて自分も回ってしまって、肘を痛めたこともありました。

そういった**「自分を壊すかもしれない」というような自然**を、何十年かぶりに身体で感じるための期間だったような気がします。とても生々しくて良い体験だったと、今になって思うんです。そのことで、どんどん右脳のほうに近寄っていった気もします。

子どもはみな悟っている

子どもの頃は、みんな悟っていました。誰もが身体と繋がり、時間も気にせず、「いま・ここ」だけが永遠に広がっていました。夏になったらプールにドボンでしたし、海行けばまたドボン。傘も差さずに、泥んこになったって平気だったはずです。

けれど、年をとるとそういうことが少なくなっていきます。移動するにも公共交通機関や車がありますから、時間をかけて歩いたり、自転車で出かけたりすることもなくなります。まるで透明なケースの中にいるような生活で、身体で受ける刺激がどんどん少なくなっていくのです。

極めつけがコロナ禍だったと思います。気軽に温泉にも行けなくなりましたし、季節ごとのお祭りやイベント、みんなで競ったり応援したりするようなスポーツ、なにより人との触れ合いが極端に減りました。

そして、お店というお店に、人と人とを遮る透明なアクリル板が出現したとき、わたしは、**「左脳さんの極まりの頂点を見た」**と思いました。左脳の切り出し機能が、とうとう個人をこんな板で囲むところまできたのかと真面目に衝撃を受けたんです。「なんじゃこりゃあ⁉」と。科学的ですらなくいい加減にごまかして、でも「これでいける」と思っている、その精神が逆に怖いわ！とか思ったんですけど。でも、それがより左脳さんっぽかったりします。

これによって、もともと活発だった左脳さんがさらに元気づいた気がしました。身体が刺激を受けられない状態を、一気に10年くらい加速させてしまったと思います。だってアクリル板が突然現れて、自分たちを分けてくるなんて、夢にも思わなかったじゃないですか。

握手も駄目、抱き合うのも駄目となって、外国の方が鬱になったというのも、それを象徴している気がします。ほんとうに時代として極まったと思います。

急激に身体の刺激がなくなって、その分また、インターネットというような左脳ベースの媒体がぐっと増えました。それは離れた人と人を結ぶコミュニケーションという意味では良い面もありますが、身体の刺激はどうでしょう？

人と人が面と向かって話をするときはお互いの息遣いも聞こえますし、「ちょっと〜」パシッ、「もお〜」パシッ、とかいう触れ合いがあるじゃないですか（特に関西圏のオカンなら）。

そこから受け取っているものって、じつはすごくたくさんあるんです。

それが映像になったり、文字になったりして、本来あるはずの刺激がいくつも消えた状態で生きることになったのが、今の状況になります。

それは、ある意味では片目を塞いでいるような感覚かもしれませんし、耳を塞いでいるような感覚かもしれません。あたりまえに生きて感じるはずの皮膚感覚としての刺激が、大幅に減っているんです。

しんどい人が増えているわけ

身体の刺激が減ると、他の刺激で埋めようとする人もいるでしょう。

調べ物をしていたつもりが、過激な情報ばかり目について離れられなくなってしまうとか。

特にコロナ禍で外に出られなかった時期なんかは、四六時中スマホを握りしめて、そんな状態に傾いていた人も多いんじゃないでしょうか？

指先ひとつで情報が得られ、コミュニケーションまでできてしまうんですから、それはある意味、自然な流れです。デジタル社会のツールは、すばらしい文明の利器ですが、そのアンバランスさは肉体に現れます。言葉による思考、つまり左脳要素があまりにも急激に重用されすぎた結果、身体と頭のバランスを崩すほどになってしまったのです。

当然、苦しくなる人が増えていきます。

そのうえすべての責任は「個人」にのしかかり、重圧は増えるばかり。身体の感覚を感じられずにそんな世界で生きていたら、苦しくなってあたりまえじゃないかと思います。

たとえばネットの世界に追い詰められて、自殺してしまう人も出ていますよね。目の前では何も起きてないのに、スマホの文字だけで死んでしまう時代なんです。今みたいに普通の子どもがあたりまえにスマホを持っていられる環境は、薄い氷の上を歩いているみたいな感覚です。どこでガシャンと割れてもおかしくないような危険を誰もがはらんでいる、そんな時代だと思います。やっぱりそれは、左脳に意識がどっぷり浸かっていて、そこから出られなくなっていることが原因じゃないかと思うんです。

ほんらい子どもは悟っていると書きました。でも、身体を動かして、喜びを味わって表現する右脳優位な時間はどんどん短くなっています。個人差はありますが、生まれて数年でひゅいっと左脳の世界に入ってしまうような感じがありますね。

親が悪いわけでもありません。取り込まれる環境が整いすぎているからです。

言葉は不完全なものだから、責めてくるロジックから逃げようがなかったり、どうやっても理解しあえないロジックの迷路があります。そこにがんじがらめになって苦しんでいる子も多いんじゃないかなと思うんです。若ければ若いほどそれに勝てるだけの人生経験がありません。だから、よけいダイレクトに受けてしまうというのもあります。

子どもの自殺が増えているというのは、社会的な苦しさの極まりのような気がします。

オカンは2023年の9月まで、娘の学校のPTA会長をしていました。やたらめったら学校に行って、校長先生たちとずっとそういう話をしていた気がします。子どもたちや先生たち、学校を取り巻く状況でさまざまな問題が起きているのを見てきたので、しんどさがどんどん若い人にまで進んでいるこの状況を、とにかく何とかしたいと切実に思ってるんです。

今、しんどい人にこれだけはお伝えしたいのは、「あなたが悪いんじゃないよ」ってことです。

それをこれから説明していきたいと思います。

部族、血族、大家族、家族、核家族、そして個人へ

わたしがよく説明で使っているのが、縄文時代のお話です。

縄文の頃はみんな右脳の状態です。たとえれば右脳は子どもの意識です。ただその瞬間その瞬間に自分が楽しいこと、するべきことだけをいきいきとやっているわけです。

あるとき、その中で長（おさ）と言われる人がひとり出てきました。

この方はおそらく他の人よりも左脳が発達していたと思うんです。左脳はコミュニケーションの脳なので、長は自分の集落の外に意識を出して、外から見た視線として「うちの集落」という見方ができたんです。「うちの集落は食べ物が少ないから、こちらの集落の余っている物と交換してもらおう」というように、よその部族との交渉なんかもできたわけです。

外側から見た自分（たち）を見る能力こそ、まさに左脳の能力だと思います。

いったん近代に戻りますが、たとえば校長先生も「わが校」という見方をしますね。それは外に出てよその学校と交渉する場があるからで、生徒の立場でそれはしないですよね。責任のある人だけが外に出て、他の学校とのやりとりをして、それで「わが校はこうだな」という見方をするわけです。

時代を戻します。縄文から進んでいくと、部族から血族になり、血族から大家族になり、大家族から家族になっていきました。この〝家族〟になったところがサザエさんです。波平さんだけが「わが磯野家」と言って、磯野家の外に出て自分の家を見ていました。昭和の時代になってやっとここまで来たという感じです。

縄文から1万数千年かけての、ここです。

でもまだサザエさんなんかは「うちは」と言って、外から見ることはしませんよね。何かあっても「あらあら！」って、自分たちのことだけで大騒ぎしていればよかったんです。

現代になると、それが核家族になりました。子育て中のお母さんでも「うち」のことだけを言っていられなくなりました。そして令和の時代、ついに〝個人〟まで来ました。

しかもそれが若年化しています。だから小学生でも中学生でも、自分自身について「わたしは」と言って、校長先生と同じように外側から自分を見ないといけない（学校の集まりにこそ出ませんが）。**「外から見た自分」**というのをつくらないといけないんです。

この急激な変化は、たった十数年で起こったことなんです。

子どもたちにのしかかる重圧

子どもは右脳的に、無邪気にやりたいことだけやっていればいいはずの年齢です。そんな若い脳にとって、〝外から自分を見る〟そして、人と自分を〝比べる〟ことは、とんでもなくストレスのかかることです。大人だってもともとそういった能力のない人、めちゃくちゃ多いと思います。なんせ縄文時代だったら、部族でたったひとりが持っていただけなんですから。

でも現代では誰もがそれをやらなきゃいけないし、まわりからも求められる。そして、「あなたの幸せはあなたに責任がありますよ」って言われてしまうわけです。

自分から外に出て自分を見るという行為自体が、左脳過剰な状態です。そのせいで頭と首から下の神経が切れてしまっているかのように、身体の感覚を感じられなくなっています。

意識が左脳に向かう最初の瞬間

では、ほんらい悟っている子どもが悟らなくなってしまう時期っていつぐらいだと思いますか？

小学校に上がると日本の子どもの幸福度がすごく下がるという調査があります。オカンは教育評論家ではないので、子育てについて言及できるような立場にはありません。でも脳の機能から言うと、じっと座っている能力が要求されるようになったときに、失っていくものがたくさんあると思います。

ひょっとしたら、**子どもに時計を教えるタイミング**がピンポイントな時期かなと思います。それまでは時間なんて気にせず、誰か教えてくれたタイミングで「ああ、そうだ」と動けばよくて、過去や未来のことを考える必要がありません。だけど小学校に入るためには時計を覚えさせなきゃって、親は必死になります。オカンも娘にめっちゃ教えた記憶があります。

時計をおぼえることで時間に関する意識がつくり出され、今というより「あと5分」とか「1時間後」と、先を見るような意識状態が進んでいくのかもしれません。

もちろん時間が悪いわけじゃないんです。
だけど、確かに縛られているとは思います。

世のお母さんが子どもを叱る理由は星の数ほどありますが、その理由をたどっていくと、ほぼ時間に行きつくそうです。「遅れるでしょう。早くしなさい」「何グズグズしているの！」「何時だと思ってるの？」って。母親が子どもに怒るというよりは、時計に怒らされてるみたいな感覚ですね。〝時計さま〟というものが外の世界にドーンとあって、「時計さまに従わなくちゃいけないのよ」って、なぜか母親がかわりに怒ってるみたいな。

時計は社会の象徴であり、社会そのものだと思います。かつては腕時計が男の人のステータスだった時代もあったくらいです。

みんなと時間を合わせるから、社会が成立するわけです。そういう意味では、最初に子どもの心を社会と結びつけるものが**時間**であり、時計というものに管理され始めて、**社会からの圧力**みたいなものを受け始め、社会からの**「個人でありなさい」**という責任の圧力がかかっていって、子どもの意識が左脳に向かって進み出すのかもしれません。

ここはまだ検証中の分野ですが、可能性として、じつはすごく大きなポイントになるかもしれないですね。

「わたし」って誰でしょう

一章でも少し触れましたが、混乱しやすい部分なのであらためて書かせてください。

「わたし」という意識についてです。

これは、脳の機能が勝手につむぎだした思考に、〃意識〃が必要に応じて「わたし」という主語を後付けしたものです。その意識とは、左脳さんですね。

自意識といったらエゴという言葉を思い浮かべる人も多いかもしれません。

でも、オカンはあまりエゴという言葉を使わないようにしています。日本では本来の意味より「エゴイズム＝自己中心性」みたいな意味合いが強く認識されてしまっていて、なんとなく「エゴがあったらだめ」みたいな思考に行きがちだからです。

でもこれって単に、〃意識の働きの一部分〃をエゴと言っているだけであって、おおもとの自分とは違います。なので、オカンはむりくり言葉をひねり出して、「わたし意識」と呼んでいたことがありました。その後、少しずつ洗練されていって、『左脳さん、右脳さん。』という本の中では、**「意識の焦点さん」**と言っています。

これが一般的な言葉で言う〝エゴ〟にあたる部分です。

強調しておきたいのは、その人自身のことではなく、「個の意識」を表したものでしかないということです。単に「意識の焦点」がどこにあるかでしかないのですから。

だから、「わたし」という「個人」にパワーなんてまったくありません。

そんなものに、よってたかって重圧や責任を負わせたところで……って話なんです。

もう一度言います。

今つらかったとしても「あなた」に原因はないし、「あなた」が悪いわけでもないんです。だから安心してください。

次の章でそれを説明していきたいと思います。

第四章

「わたし」という物語の呪縛を解く

オカン　本体さん、人生を生きる苦しさのほとんどは、自分自身のことか、お金か、身近な人間関係が由来のように思います。でも実はその一段奥には、個人であること、にまつわる不具合があるように感じるんです。

本体さん　それは、こういうことだ。左脳の意識には、幅がなくて、底が深い。とてつもなく狭く深いプールに飛び込むようなものなのだ。

オカン　それは、聞いてるだけで息苦しそう。

本体さん　この息苦しさによって、大多数は目を覚ますはずだった。この左脳意識の特性で、ある程度の深さまで到達すれば、社会ぜんたいで進む方向を一転するよう、計画されたものだったのだ。

オカン　でも皆、がんばって深く深くもぐっちゃった。それはなぜでしょう?

本体さん　社会と個人との相互作用によるものであり、計算できない繊細な部分なのだろう。

オカン　そもそも、左脳意識は、苦しさをはらんで存在するようにつくられている。それは、ある程度のところで、右脳意識へと出戻りを試みるためだった、と？

本体さん　その苦しい道へ、君たちの背を押して、旅立たせるのだ。せっかく育てた君たちと文明を、一気に失う可能性もある道へ。そのあらゆる過程は、君たち自身のために計画されているのだよ。

左脳さんは世界をこう見ている

左脳さんの見ている視野では、**境界線がはっきり見えてしまう**という特徴があります。「こっちのものとこっちのものは、ここで別のものになっている」という境界線をチョキチョキ切り出していく作用があるみたいなんです。だから人の意識がそこに引っかかっていると、同じようにどんどん切り出す方向に向かいます。

だから、この人とあの人はここが違っている、ここが間違っている、あの人は敵だ、とか判断するんです。左脳さんは「自分と他者」「自分と別の存在」とか、とにかく何でも切り分けていきます。その切り出し機能によってとうとう、バラバラの個人になってしまいました。

これが、いろいろな歴史の底に流れているものの正体でもあります。

「手前と奥」というような認知も、左脳さんが周囲を切り分けることで生まれます。

右脳さんの場合は、言葉は使わないため、それほどはっきりと認知できません。白いスクリーンに映し出された、ひとつの映像みたいな感覚で見せてくるんです。だから、その部分を見ようと思えば見えるけれども、少しでも目線を外してしまうと次の瞬間よくわからなくなってしまう、そんなイメージです。

左脳さんは意識の水面下で、すべてのものを〝言葉を使って〟ラベリングしています。でも、わたしたちの意識にそれは上がってきません。「さあ、今からわたしは床に立ちます」なんて考えませんよね。「よっこいしょ」って、ただ立つだけですけど、左脳さんはそのときもちゃんとひとつひとつ言葉で、「床」「壁」「天井」というように把握しているんです。そうです。**左脳さんは世界を言葉で把握しています。**左脳過剰というのは、その部分においてなんですね。情報の波に呑まれるとか、頻繁にSNSで繋がったりする以前に、あなたが目を開いて何かを見た時点で、すでに左脳さんは〝言葉〟を認知しているのです。

平気でズルをする左脳さん

言葉で把握するって一見スマートだし、正確そうに思えますが、じつは違います。むしろむちゃくちゃ効率が悪いし、大変な作業だし、めっちゃ疲れるんです。

たとえば、たくさんの物であふれた部屋にいたら、ひとつひとつの名前なんて把握しきれないじゃないですか。ラベルがありすぎるんです。そんなとき、左脳さんはどうするのかというと、一瞬にしてパーッと手放します。**平気でズルをするんです。**

把握するのがしんどいから、ある程度まで視線を行かせたら見たつもりになって、くるっと戻ってきます。もっと言うと、じつは1メートルぐらいの範囲で頭を取り囲む〝左脳ドーム〟というものがあります。で、そのあたりまで行ったら戻ってくるんです。

だからちゃんとは見ていません。ちゃんと見るという意識は右脳さんの領域になってしまうからです。「いつもの部屋」「日常の風景」という感じで、脳内で過去のイメージと置き換えて、見てはいるけど把握はしないというふうになります。

これを実証する面白い実験があります。何本かのカラーマーカーを、横の視野ギリギリのところで見えるように持ってみてください。すると色は見えていても、色の順番はわからないってことが起きます。視野には、色は認知しても位置までは認知できないというようなギリギリのラインがあるんです。

そんなふうに左脳さんは、見えていても認知しないというギリギリのラインを持っていて、なんとなくのイメージをそこに投影して、それ以上過剰に言葉を使わないように、うまいことしてるんです。「あなたの腕時計を描いてください」と急に言われても描けないのは、左脳さんが時計のイメージをぱっと投影して、時間というデータだけを読み取って、そこに注目しないようにうまいこと調整しているから。

ちなみに、左脳と右脳の大きさは一緒ですが、左脳のほうがものすごいコスパが悪いらしいです。直流電流と交流電流にたとえることが多いんですけど、左脳は莫大なエネルギーを使いながら、さほどの仕事はできません。その間に右脳や腑脳《ふのう》（お腹で考える）、身体の神経回路の方は、毎秒ごとにその何百倍、何千倍の働きをしています。


わたしが最初に思考が消えたとき、視線がすっと伸びたというのは、一時的にその左脳ドームが消えたからなんです。「あの壁の端っこって、あんなんやったんや」「部屋の角っこってこんなんやったの？」って、はじめて見たかのように自分の部屋が新鮮に見えました。

左脳さんの機能が一時的にぱっと静まったことで、視野の折り返しとなるドームがなくなって、かわりに右脳さんを通してありのままを見るようになった感じです。

「うちの部屋の壁ってこんな質感やったんや！」としみじみ眺めました。


こうやって左脳さんは、うまい具合に認知を抜いてきます。つねにすごく判断しているんです。左脳さんのがんばるところと手を抜くところ、それが何となく見えてきたでしょうか？

言葉がないと何とも繋がれない

左脳さんを理解するために、かなり象徴的な話をしたいと思います。

オカンの高校時代の同期生で、ずっと仲の良かった子がいました。その女の子は一過性全健忘といって、ある日、いわゆる完全な記憶喪失になってしまったんです。その時期の彼女に一度だけ会いましたが、もちろんオカンのことはまったく覚えていなくて、「わたしの知り合いの人ですか?」と聞かれました。「ごめんね」「そんなの、ぜんぜんいいよ」って。

ところがある日、突然わたしのことを全部思い出したそうなんです。

2年くらいブランクがあるのに、彼女からしたら昨日も一緒にいたみたいな口ぶりなので「元気? お茶飲みに行こう」と、電話がかかってきてびっくりしました。

す。喫茶店で会うことになり、そのときに記憶喪失とはどういう感じなのかを聞きました。

彼女が言うには、「すべての言葉を失ったので、見ているものを把握できなかった」と。

目の前に机があって、ベッドがあっても、「机」や「ベッド」という言葉が出てこないと、脳の中でその情報と繋がれません。だから、それがあることはわかっているのに、使い方や記憶と接続できずに困ったそうです。

彼女は、「言葉と繋がれていないと、その物と関われない」という言い方をしました。「見えていても、『ない』というように感じる」とも。関われるものが何も存在せず、**まるで宇宙空間に浮かんでいるみたい**だったそうです。それを聞いて、左脳さんってそれほどまでに言葉ですべてを把握しているのか、意味や使い方や記憶と連結しているかと驚きました。

つまり、人間は完全に左脳さんの意識状態にいるので、言葉を介さないと理解が生まれないのです。多少知ったつもりになっていましたが、「そこまでなんや！」というインパクトがありましたね。

ヘレン・ケラーが井戸の流れる水に触れながら、はじめて〝言葉の存在〟を知った瞬間のシーンは有名ですよね。それによって彼女の世界はパッと広がりました。わたしの友人は、その逆だったんです。思っている以上に、言葉がすべての世界をつくっているのかもしれないなと実感する衝撃的な出来事でした。

つらさの原因

しんどいのはあなたが悪いんじゃないと言いました。では、誰が悪いんでしょう？

左脳さん？　たしかに大きな要因なのですが、それほど単純な話でもないんです。

わたしは時代だと思います。

人間というひとつの生命システムが持っているはずのバランスは、身体の刺激が減り、言葉による刺激に偏ることで極端に失われていきました。全体のバランスが大きく崩れた時代のアンバランスさや社会の不安を**個人が映し出している**。そんなかたちで現れているように思います。どうして映し出してしまうかというと、左脳さんの**「外側から自分を見る能力」**のせいではあるんですが――。

「うちの集落」から「わが家」となり、そこから規模がどんどん小さくなって、最終的に「わたし」に行きついた、あの左脳能力です。集落や家ならまだよかったんです。物理的にその外に出られますから。でも、自分から外に出るってかなり無理な話ですよね。

ほんらい見えるはずがない自分を外から見なくてはいけなくなった――。

するとどうなると思いますか？

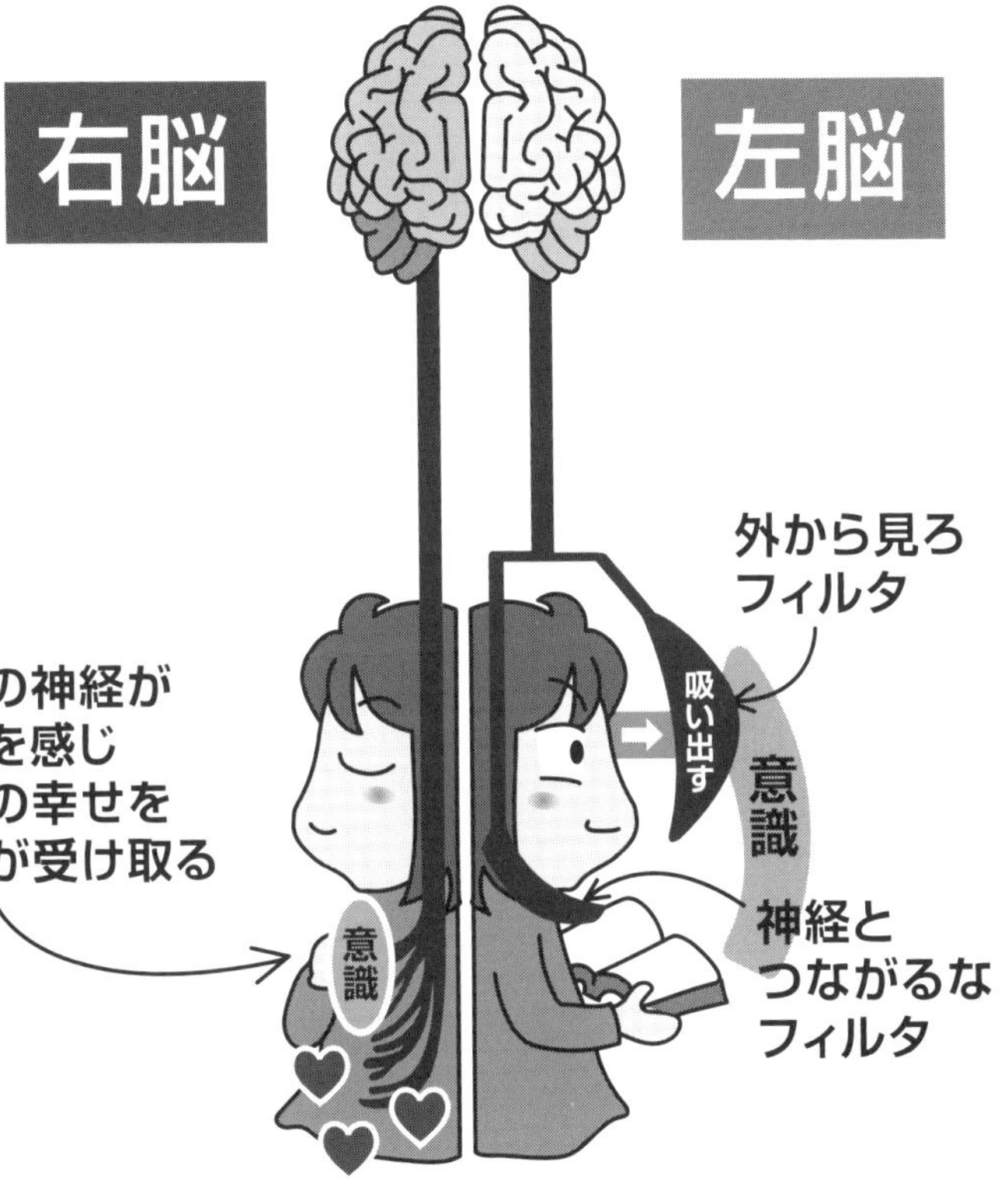
右脳
左脳
外から見ろ
フィルタ
身体の神経が
世界を感じ
細胞の幸せを
意識が受け取る
吸い出す
意識
意識
神経と
つながるな
フィルタ

「わたし、みっともない」「わたし、負け犬だ」と、外側から見た自分を、さらに〝**社会の目**〟**で判断する**という悲しい機能が個人に出てきてしまったのです。

ほんらい内側にいて見るはずのないものを外側から、しかも「社会の目」を背負って、「わたし、やばい」「うちの子のここがまずい」という見方をするようになって、常時、自分の身体から外に出ているような意識状態になっているのです。

それは神経と意識がずれて、繋がっていない状態です。だから「お腹を感じてください」と言っても感じられない人がいっぱいいます。すると幸せなんて感じられるわけがない。

悲しいも、寂しいも、嬉しいも、それを感じる神経がへたっているんですから。

不幸の理由なんていくらでも持ってこれる

これも、よくワークショップでおこなう実験です。

「腕を身体の横に伸ばしてください」「その腕を内側からだけずっと感じてください」「今、どこに力が入っていて、骨はどういうかたちで、どのあたりがプルプルしていますか?」と、内側からの感覚を感じるワークです。

はじめはみなさん集中して取り組まれます。でも続けていくうちに突然、「こんな格好、誰かに見られたら恥ずかしい」と外側の意識が入ってくる瞬間があるんです。「そういえばここ、怪我したことがあるな」「明日、筋肉痛になったらやだな」とか、どんどん出てきます。

いま・この瞬間の腕の内側から離れて、過去に飛んだり、未来に飛んだりしながら、気がつくと外側から見ているんです。それほど身体の内側にいることが難しくなっている。それは外側から自分を見て、他の人と比べて悩むような思考が左脳さんにとって美味しいから。「誰かに馬鹿にされている」「笑われている」「自分は嫌われている」……もう無限にやっていられます。ほんとうはそうじゃなくても、いくらでも外側から見た要素を付け加えて、ストレス物質をダバダバ出すことができるんです。

この「外側から自分を見る」自動思考が一番、人を苦しめているんじゃないかと思います。

社会がつくり上げる不安というのは、未来に関する不安が多いように思います。特に**未来の〝失敗〟に対する不安**です。健康とか、お金とか、老後とか、「こんなことを心配しろよ」「このへん気をつけろよ」ってことです。それをテレビやメディアが不安をあおるように押し付けてきて、最終的に個人が乗せられて、「はっ！うちの貯金額ではやばいんかしら」とか思ってしまうわけです。でもメディアが悪いわけではありません。そうやって不安の種を与えるとテレビを見てくれるので、やっぱり左脳さんがそれを利用しているんだと思いますね。

そして外側から与えられる不安にわたしたちが乗ってしまって、外側から自分を見て「このままじゃダメだ」ってネガティブに落ちていく。左脳さんだけがうまーってなる。

みんなみんな、このパターンのように思います。

外側から見た「わたし物語」から自由になる

左脳さんにからめとられ、背負い込まされた「わたし」という意識。

外側から見た「わたし」という物語。

その呪縛はどうしたら解けるでしょう?

もちろん一番は自動思考を止めて、悟ることです。でも、後付けされた主語「わたし」を外すとき、最終的に行きつく結論があります。先に言っちゃいますね。それは……

「わたし」という意識は、その瞬間の〝気づき〟の意識でしかないということ。

〝気づき〟こそ、自分の存在の核であり、自分の存在のおおもとです。自動思考を止めて悟った人はみな、「わたし」とは〝気づき〟だった。「意識」とは〝気づき〟だったと、まったく同じ結論に至ります。そして「気づく」以上のことは何もしなくていいってことにも、いずれ気づくでしょう。

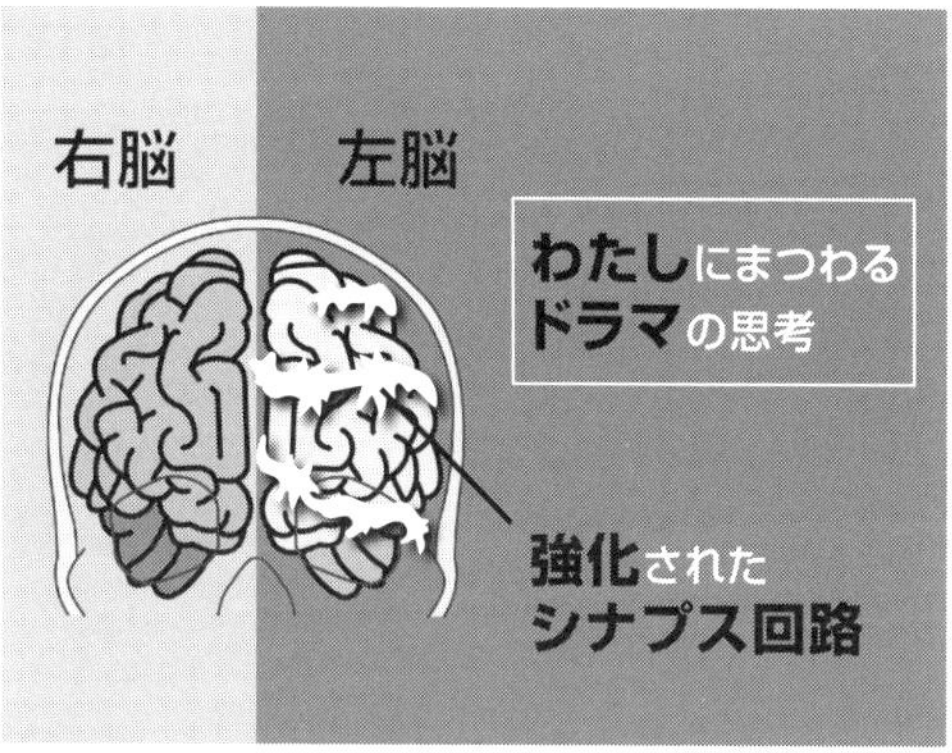

失敗した経験があると、「失敗ばかりするわたし」という物語ができてしまいます。

でも、失敗したことって、そのときのただの気づきでしかなく、「あら、失敗しちゃったわ」で終わる話です。忘れ物が多くても、「忘れ物ばかりするわたし」ではなく、「忘れ物しちゃった。びっくりしたー」だけでいい。

〝気づく〟と、あなたの物語にはなっていきません。

左脳さんが勝手にやっているだけとわかるから、いろんなものを絡め取られなくなります。過去を忘れるわけでも、なくなるわけでもありませんが、「わたし、だからダメなんだ」という不幸な物語に繋がっていかないのです。いちいちその物語を取り出して、今の自分に当てはめて苦しむ必要はないよってことです。過去のこと、終わったことは、いま・この瞬間を100％で生きるためにまったく必要ないのですから。

ただその瞬間、目の前にあるものを見ることができて、気づくことができて、それに反応する自分の内側の感情に気づくことができたら、それがもう**純度100パーセントの「あなた」**です。

「うちの子は」という物語が消えると、子どもと一瞬一瞬、フレッシュな一個人同士として向き合えるようになります。絡まった物語がなく、100パーセント一緒にいる感覚だけになるわけです。生まれたわが子にはじめて対面したときのような感動が続きます。

どんな人間関係でも、「この瞬間」の濃密なお付き合いになるので、目の前にいる人との喜びだけが、その場に表れてくるようになります。

左脳さんの怖いところ

物語というと軽く感じるかもしれませんが、不幸な物語を頭の中でずっと繰り返していると、身体を壊してしまうこともあります。

左脳さんは右脳さんの声を封殺します。身体の声も右脳さんの声も聞こえなくして、言葉の思考だけに夢中になるよう仕向けます。身体と繋られてしまったら、意識は右脳さんのほうにいってしまいます。左脳さんとして、これは絶対に回避したいことなんです。

ネガティブな思考は血中でストレス物質を放出し、身体はより傷ついてしんどくなります。そのことで、またさらにネガティブな思考が頭の中でぐるぐるぐるぐる……またストレス物質を出して……というサイクルで身体がボロボロになっていきます。

その思考が生むストレスで個体が病気になってもかまわない、というのが怖いところです。

左脳さんはある意味で、どこまでも人類的なんです。

「わたし物語」という思考。たったそれだけのことですが、その人を絶望させたり、殺すこともあるくらい難儀でやっかいなものです。

この傾向が行きすぎたとき怖いのは、**「自分を記号化して見てしまう」**ことです。自分を「生きている命」としてではなく、「何億人という中のひとり」とか、「何歳の男子一名」というような見方になっていくと、「もう自分なんて消えてもいいんじゃないか」という発想になってしまうのです。特に若い人ほどせまい世界にいて、よりシンプルな記号に自分を当てはめやすいですから、逃げ場を見つけられずに思い詰めやすかったりします。だからオカンはそんな人たちに、逃げ道はあるよ！　脳のほうから取り組むと、違う未来が用意されているよ！　ってことを、本気で伝えたいのです。

今つらい人へ──抜け道はあるよ！

ひとりの人間の中には、つねに左脳さんの人生と、右脳さんの人生とが、重なり合って存在していると思います。そう考えると、「今はつらくても、先の未来で幸せな自分になるぞ！」というのもまたちょっと違います。前向きな気持ちは素敵なのですが、それすら左脳さんのつむいだ「わたし物語」のひとつかもしれません。

左脳さんってとにかく巧みですね。ほんとイヤなやつ！

みんながこんなふうになりたいと未来に描いているものは、もともと身体の中にあるものです。それを外に投影して「お金をたくさん稼いだら、それになれるだろう」「社会で認められたら、それになれるだろう」「もっと美人になってスタイル良くなったら、それになれるだろう」って考えています。でも、そういうことじゃなく――。

ほんとうは、いま・この瞬間、その幸せはぜーんぶあるんです。

多くの人は、すでに慣れ親しんでしまっている左脳さんの人生の中でずっとぐるぐるしています。でも意識の水面下では、もうすでにベリーハッピーな自分がそこにいて、「いつ外に出れるのかな？」みたいな感じで、あなたが選んでくれるのを待っています。

幸せになるか、苦しいままかは、どちらを選択するかだけ。

明かりをつけてぱっと明るくなったほうが、自分の左脳さんだったり右脳さんだったりするわけで、こっちの電気を切ってこっち側の電気をつけるという、それだけの違いなんですね。そのスイッチの切り替えが簡単にできたらいいんですけど、今の時代は左脳さんがすごく過剰でアンバランスなので、最初だけちょっと大変かもしれません。

とはいえ、もうすでに身体の中にあるものなので、繋がること自体はけっして無理なことじゃないって想像はできると思うんですよね。どこか遠くに行かなきゃいけないわけでもなく、はたから見て立派に見えなくてもいい。ありのままの自分が、ただカチャっとそっちに繋がっていくように意図するだけなんですから。

ふたつの人生が、今もこの瞬間にあります。

意気込まず、「じゃあ、ちょっくら切り替えてみるか」くらいの軽い気持ちでチャレンジしてもらえたらいいんじゃないかなと思います。

最近、三脳研の研究員さんでこんな発見をされた方がいらっしゃいました。「わたし、自動思考止めるの、まだまだだわ」と思っていると、ずっとまだまだなことに気がついて、「わたし、もうまもなく自動思考消えるわ」ぐらいの認識に変えてみたそうです。それだけで次の日からピタッと自動思考が止まったそうです。

それを聞いて、三脳研の他の研究員さんも続々と同じようにやってみるというムーブメントが起こったのですが、ほんとうに変わるのが早くなるそうです。やっぱり自分をどう認知しているのかってことがすごく大きい気がします。どこに意識を流すかってことですね。

また、日本人はやたら自分を下に盛って話す癖がついていたりもしますよね。褒められても謙遜して、「いやいや、うちなんて」みたいな。それもほんとうはよくないです。それが癖になっていると、そっち側にしかライトが当たらなくなってしまいますから。

オカンは何があっても、もう幸せです。

「理由のない幸せ感」が普通の人よりめちゃくちゃ高いだけらしいですが、幸せに理由なんていりません。それって物語ってことですから。ただただ幸せっていうだけでいい。ずっとお腹から幸せが上がってきますから。

好きなものと触れ合っているときは「より幸せ」っていうのはあります。でも嫌いなものと出会っても、うんと下に降りたりしないわけです。「うわー不幸だ」って感じにはなろうと思っても、もうなれないですね。「不幸せ？ どんなんでしたっけ？」って感じです。

そこまでは誰でもいけるんですよ、神経さえ繋がれば。

ぜひ、あなたも左脳さんのつむぐ「わたし物語」の世界から抜け出してください。

「わたし」という催眠術が解けたとき、あなたは大自然になります。

そして、あなたがほんとうの主人公となり、人生をわくわくするような冒険の物語にしてください。あなたといくつかの意識たちが力を合わせてあなたという個人を生きる、そんな物語になるはずです。

第五章

「ふたつの道」
——みんな急いで
右脳に戻れ

オカン　本体さん、わたしね、あなたから教えられるメッセージを受け取ってきて、ほんとうに世界の見方がひっくり返ってしまったんですよ。うちのおばあちゃんが大正元年生まれだった。わたしの親は昭和生まれ、わたしも昭和生まれです。ひとり娘が平成生まれ、そして今は令和の時代。この流れの中で捉えてきた時代の流れは、それなりにおだやかで平和なものでした。でも、数百万年という、人類ぜんたいの、もっと長〜〜いスパンで見てみると、この百年ですら、壁のように急激な登り坂なんですね。

本体さん　一世代でも、まるで違う文明の中にいる。社会は続いているが、科学技術や常識の変化は凄まじい。親も社会も、新しい時代について、子どもに教えることができない。

オカン　今の小学生が大人になる頃、今ある職業の6割以上は存在しなくなっているらしいです。もっと多いかもしれない。そんななかで、何を目指して、どう生きるのか、なんて、どうやってわかるんでしょう。

本体さん　「個」の意識では難しい。ここは、まさに最終カーブなのだ。君はどうだね。8年早く、「個」を脱した。

オカン　えー。聞き返さないでくださいよ。えーと、そうですね、わたしは左脳の「個」の意識を脱して、繋がり合う大きな意識と切り離せない在り方で、います。そこから流れ込んでくる感覚的な情報が、自分を支えてくれています。未来が予知できるわけではないですが、ほんとうに重要な情報は、この身体の内側の感覚に存在するんです。それがわかっているので、いま・ここにくつろいでいて、不安がまったくありません。

本体さん　そうだね。つまりは、自分が世界の外にいるという眠りから覚めて、変化するぜんたいと、ともにあることだ。

本体さんが見せる「ふたつの道」

なぜ悟る人が増えているのか、というお話です。

これも、時代の流れみたいなものがあるのだと思います。しかも、今までになかった急激なスピードで、その流れが押し寄せています。

以前から、わたしはおおもとのエネルギーである〝本体さん〟に、「ふたつの道」をくり返し見せられていました。それは恐竜が絶滅するときのイメージです。

左の道を大きな恐竜たちがドカドカと歩いていく。右に細い道があって、そっちには小さくて弱い恐竜たちが歩いていきます。左の道に行った大きく強い恐竜たちはみな絶滅しました。右の道に行った小さい恐竜たちは翼を持ち、現在の鳥に進化して生き残りました。

こんなビジョンです。

わたしは本体さんから、人間の岐路を見せられている気がしてなりません。

時代に疑問を持たず、王道の流れに乗ってしまえる人は、左脳過剰にうまく適応しています。だからあえて立ち止まったり、違う道に行ったり、戻ろうとは思わないでしょう。その結果、いつしか引き返せないところまで行ってしまう気がします。

だから今の時代にうまく乗れず、つらかったり、社会的に弱いとされたり、ドロップアウトしてしまう人たちのほうが、進化のラインに乗る可能性が高いのではないかと感じます。小型恐竜が鳥になったように、**次の人類として進化していく**ということです。

少なくとも、立ち止まるチャンスはあると思うんです。

この世界の事実

ここでちょっと、オカンが体験で知った不思議な事実をお見せしましょう。

あなたという存在の意識＝「意識の焦点さん」は、生命という巨大な意識体＝「生命さん」の指先です。そして、あなたの身体を調整し、生かす知性が「本体さん」です。

そして、それらは「ひとつである精神（ワンネス）」から伸びてきていて、ひとつなんです。

いのちも大自然も動物も微生物も、ぜんぶひとつのエネルギーの表れです。それができるだけ複雑に発展しようとねじれて、動いている。あなたもその一部です。

一時的に人間というかたちを得て、そして分解され、またおおもとに還るのです。

わたしたち人間にその自覚が欠落しているのは、おおもとのエネルギーと切り離されているから。左脳さんの思考によって、チョキーンと切り離されてしまったからです。

その切り出しが止まったとき、本体さんが「やあ、ひさしぶり」と、あなたに触れてくる。これが意識の変容であり、悟りです。

本体さんとあなたをつないでくれるのが、右脳さんです。

本体さんに再び出会うと、「わたし」が生きていると思っていたのは勘違いだったと気づきます。わたしがわたしを生きているんじゃなくて、本体さんがわたしを生きてくれているとわかるんです。本体さんがあなたの本体なんて、衝撃でしょう？（ジョークです！）

なぜ切り離されたのかというと、あなたに「望んでほしい」から。

あなたが望むためには、自分が巨大なエネルギーであることをいったん忘れなければならなかったのです。生命である本体さんが表に出てきてしまうと、意識の焦点の機能が壊れてしまうから。だから本体さんは意識の水面下で目を閉じています。

そして左脳さんが、本体さんとあなたを切り離しました。

左脳さんも、本体さんの思考の一部なんです。

本体さんは自分で外界を見ることはできません。だから、あなたが意識の焦点として外界を見て、何かにあこがれて、望む。すると、巨大な生命さんのエネルギーがそちらに向けてどっと流れます。その機能のために、あなたという意識は創り出されました。

あなたもまた、「指を差し示し、望む」という機能意識だったのです。

本体さんはあなたを目的地まで、安全に連れて行ってくれます。

あなたには行き先を望んで、ナビをしてほしいというわけです。

そして、あなたを通して経験したいんです。

そう、すべての経験の主は、本体さんだったんです。

爪の先にいるわたしたち

本体さんが、意識の焦点は「生命の指先」であると教えてくれました。でも、わたしたちがふだん「わたし」だと思っているこの意識は、左脳過剰な現代では指先どころか「爪」です。右脳さんに繋がると「指」の感じになります。でもみんな、「わたしの爪はボロボロや」とか、「もっとツルツルになればいいのに」とか「あんな色を塗りたい、こんな色を塗りたい」って、爪（自分）のことばっかり考えています。

「あの地位に行けば幸せが得られるだろう」「お金がたくさん入れば幸せを得られるだろう」と、身体の中にあるものを社会に求め続けます。もうキリがないですよね。

得ても得ても足りないのは、左脳のほうに行った段階で繋がれなくなっているから。

だから、無限に爪をやってしまうんです。ちょっと意識を下におろしたら「指」になって、指になった途端に「ぜんぶ繋がってるやん！」っていうのがすごく自然にわかります。

いなくなって
ほしい
私はツメ！
となりの
ツメが
キライ
です
フン!!
私はゆび
私はずーっと先まで
つながっている
そう！
すべては
つながって
いる!!

爪から出た瞬間、もうケンカとかできなくなります。相手も自分で、すべての人が自分で、ぜんぶ繋がっているから。

意識がスカートみたいに広がって、まるで腰から下が海に浸かっているような感じです。

その海の中でみんな繋がって「本体さん」になります。そこには、多くの人と共通した無意識があります。だから、誰かと一緒にいたら、何割かはその人の感覚が入り込んできているような感じになります。

誰かがあるビジョンを持っていたら、いろんな人に必ず伝播していきます。

そして、ここではこの人が立ち上がって、あそこではあの人が立ち上がって、というふうにチームができていったりします。非常にゆっくりのペースではありますが、面白いくらい全部がうまくいくようになるんです。

2倍に伸びたキリンの首

今の左脳さんの過剰っぷりは、「キリンの首が伸びきった状態」です。

これも、わたしがいつもするたとえ話です。たいてい笑われるだけなんですけどね。

キリンの首は長ければ長いほどいいだろうって、ここからさらに長くなっていったら……水が飲めなくなりますよね。頭も支えられないし、脳まで血液を送れなくなる。だからあと少しでも首が伸びたらキリンの絶滅は近いと思います。今の長さが限界なんです。

人間も同じで、「人類という種」の脳のバランスで考えると、左脳過剰が限界にまで到達している気がします。鬱など心の病気になる人が増えたり、人生に苦しみ、悩んでいる人がものすごく多いのは、**「個人を生きる」ことの限界点**に達していることを証明しているんじゃないかと思うんです。少なくともこの日本や先進国の都会で、人間社会にどっぷり浸かって生きるというかたちでは、今が限界点じゃないかなと思っています。

その過剰さは、人類がここまで発展するためには必要なものでした。

ここに来るしかなかったし、他の道はなかった。でも——

過剰すぎる左脳さんは「切り出す」認知を持っています。それが強まると、自分以外の国の人はみんな死んでもいいいと、ミサイルを打ててしまうわけです。意識が爪になっているからです。意識をちょっと下におろしたら、ほんとうは繋がっている自分が痛くなります。

他の国の人たちが死んでしまったら、自分のエネルギーも減るわけですから。でも、その繋がりに気づけないほど爪の中に閉じこもってしまっているのが今なんです。

幸せは神経の中にあるので、頭の中をどれだけ刺激したって結局は左脳刺激です。その状態で面白さや幸せを見つけようとしても、もっと強い刺激、もっと強い刺激と、さらに追い求めるしかなくなります。

だから、このままではキリンの首が2倍くらいになってしまう気がします。

土着への憧れを抱く若者たち

左脳過剰が限界まで発達した結果、揺り戻しのような現象が起きてきています。

そう、悟る人が増えてきています。

いっぽうで土着的な生き方に惹かれていく人も増えています。自然の多いところに移住する人、釣りやキャンプにはまる人、ガーデニングや畑をやりたいという人も多いですね。それらはぜんぶ右脳さんの領域です。自然と触れ合うことで右脳ファクターを取り込んでいくように、存在の深いところから呼びかけられているのでしょうか。

土着感は**「所属感」**と言い換えることができます。

都会的な日常では、自分が何かの一部であるという感覚があまりにも希薄になっているので、そこに惹かれるんじゃないかなと思うんですね。自分ひとりのために生きるのなんてつまらないと。

また、片付けやミニマリストなども流行しましたね。左脳さんは物にラベルをどんどん貼っていくので、物が増えると……そりゃ大変です。だから、おのずと情報量（物）を抑えたくなるような流れがあると思います。情報疲れを本能的に減らしていると思うんです。

同時に、地球も危機迫る状況にあります。気候変動によって、気温上昇、災害や生態系の変化、干ばつや飢餓など、自然だけでなく、人間の身体もそのスピードについていけなくなってきている気がします。自然環境も、わたしたちの身体もギリギリで、悟りとはまったく無縁に生きている人でも、「もう無理！」「いろんなことが限界」っていうのは共通認識としてみんな持っているはずです。

このアンバランスさ、極端に左脳過剰になっているところから戻ろうという流れは、ほかにもいっぱいあると思います。

わたしのやっていることは、その一部として表れているだけ。ダイレクトに〝悟り〟とやっているから目立ちますけど、断捨離やガーデニングなど、日常におけるさまざまなことも、同じ流れなのかもしれません。

悟る人が増えているわけ

このタイミングで悟る人が増えているのは、単なる先祖帰りや揺り戻しではありません。

なぜ、悟る人が増えたのか……

それはＡＩができたからです。

ＡＩは左脳さんの続きです。人間はついに左脳の機能を現実世界の中につくり出すところまできました。これからはもう、ＡＩだけ進化させていければ、人間が頭の中で苦しい思いをする必要はなくなるかもしれません。でも、パワフルさゆえに使い方を間違ったら、世界を滅ぼす危険もはらんでいます。人々が今よりもっと左脳に行ってしまったら、戦争に使われてしまう可能性だってあるわけです。

だから、それをうまく使える人が必要なんです。
そのために、みんなで急いで右脳に戻らなくてはならないのです。

ここで、大胆な仮説を立てますね。
左脳は過剰とも言えるほどに進化してきました。
でもそれだけではないんです。

同時に右脳もまた、左脳につられて
水面下で進化してきたんじゃないかと思うんです。

自分というのはほんとうに小さな意識です。

でも、どうやら地球とか宇宙とか、他の生命とか、神さまとか……もっと大きな意識が人間の中を通ることができるように進化してきている。

そして、わたしたちを〝**使って**〟何かさせようとしているんじゃないかと感じるんです。

この仮説の考察は、次の章につづきます。

※この本で出てくる「神さま」は、一般的な宗教で言う「神さま」のことではなく、とにかく大きくて、自然を含むすべてのエネルギーのこと。「宇宙意識」や「生命」といってもいいかもしれません。まだオカンの中でぴったりくる表現がないのですが。

第六章

脳と心の人類史

オカン　本体さん、あなたの描く神話を聞いたとき、あまりに情報の重なり合いが多くて、アタマがパーンとなりそうでした。正直、いまだにそのすべてを表現することは、できていません。

本体さん　左脳では理解できない。左脳は言葉で理解しようとするために、ひとつひとつの要素をきっちりと切り出さずにはいられないからだ。神話においては、切り離されたものは存在しない。

オカン　WEBでいう、ハイパーリンクがパズルのように組み上げられた、リンクだらけの世界に見えます。ぜんぶがリンクなの。切り離せないし、意味や存在が重なっているし、理解しようとすると、逆にわからなくなってしまう。「それは今も君の脳にある神経回路であり、アメノヌボコでかきまぜ創った原初の島であり、源である創造主の精神から切り出された魂でもある」なんやねん、って感じ！

本体さん　原初の巨大な何かから、小さな何かが生み出された、ということの象徴が、いくつもの鏡に映し出されていると思えばいい。

オカン　世界を覆うような巨大な一枚の布地の、あちこちを引っ張って結び合ってつくった形のようです。別々の方向から伸びてきている布端に見えても、よく見ると素材は同じ。過去も未来もあるように見えて、結び目を解いていけば一枚の布地に戻るだけ。こんな神話に意味があるんですか？

本体さん　一枚の巨大な布地が、素晴らしく楽しんでいることが、わかるだろう。

神話と脳神経

この章は、縄文からさらに時代をさかのぼって、神話の時代からはじめたいと思います。生命の誕生から脳ができて、人間に意識が生まれてから現代までの流れを見ていきましょう。

なぜ最初から左脳と右脳がつくられたのかという不思議がありますよね。後頭部の下側にある小脳は、古代の生き物にとって生命の根幹の部分を担っている脳です。そこから大脳ができました。大脳は最初から右と左に分かれていたのです。

わたしは**「種の意識」**をつくったのが右脳だと思っているんです。「人間」「ホモサピエンス」という種の意識です。猫なら猫という種を鍛え上げ、毛皮で身体をくるんだり、関節を柔らかくして速く走ったりするというような、それぞれの動物の身体的な特徴をつくって、生き延びやすくしたのが右脳と感じるんですね。

直立歩行を始めた人間は、両手を自由に使えるようになりました。そこから頭が大きくなり始め、バランスとしては生命史上初のめちゃくちゃ大きな脳ができたのです。

脳を維持するにはたくさんの栄養が必要です。だから、道具を使えるようになり、農業を始めて、技術や知恵を使うことでたくさん食べられるようになり、じゅうぶんな栄養を脳にまわせるようになったというのが、わたしの仮説です。それでまた脳がどんどん大きくなって、技術がさらに発展して……を繰り返していったのですが、飢餓の時代を何度も繰り返しながらも、人類全体としては脳を大きくする方向へずーっと来たのです。ずいぶん簡単ですけど、これが長い目で見た人類の歴史です。

左脳に個別の意識が生まれて文化や社会をつくったこの時代をいったんのゴールだとするなら、脳はずっとここを目指してつくられてきたのかなとも考えられます。「わたし」という個人の意識は、社会からの圧力がなかったらできなかったはずです。右脳だけでみんな繋がり続けていたら、集団で楽しく賑やかにワイワイガヤガヤやっているだけでしたから。

社会ができて、そこから個人への圧力がかかることで〝個〟という意識を左脳が切り出しやすくなったのです。

最初の脳神経

左のイラストを見てください。これは「サルから人類に進化したとき」の様子を象徴的に描いたものです。サルの時代、意識は「無意識の海」の中に沈んでいました。

で、この海の上に陸地がポコッとできました。これが創世神話でいうところの起源です。日本の神話にもありますよね。イザナギとイザナミが高天原の神々に命じられて、海水を矛でかき回したら、矛先から滴り落ちた潮が島になったという、あれです。

このことをオカンは、「このわたしがいる世界がある」というメタ意識をつくり出した、一番最初の脳神経のことを言っているんじゃないかと思っているんです。

最初にできた島が**「脳神経」**です。これが今もわたしたちの意識をキープしています。もう海には沈みたくはないので、無意識とは距離を取りたいわけです。無意識の海とは「脳神経を駆け巡っている膨大な情報量」のことで、オカンのいう「本体さん」です。

さらに、こう想像します。

創世神話の視点❶

わたしたちが原始人で、まだほとんどサルに近かった時代、自分の子どもが大きな獣に食べられてしまうというようなことがたくさんあったはずです。

本能とは自分を生かす意識でもありますが、飢えた獣の前に自分を餌としておびき出すようなこともあります。「死ぬ」ということと、「喰われて他の種が生きる」ということの両方が、無意識の中に命令として存在していたと思います。

無意識とは、自分の死までも差し出す意識なんです。

猫が飢えていたら、ネズミが出てきます。それは個別の意識ではないからです。

もちろんネズミ自身は絶対喰われたくないって思ってますよ……それが右脳です。喰われたくないから、より身体を発達させよう、速く走ろう、うまく隠れられるように賢くなろうと進化してきたのが右脳なんです。

自分の命を差し出すのは人間でいう〝腑脳《ふのう》（お腹で考える）〟にあたる部分です。これもわたしの造語で、お腹（腸と心臓）にある神経細胞の働きのことです。

この一番原始的な脳は、つねに「生きなさい」と、「死になさい」の両方を発信していたわけです。「死になさい」ってなんだか新鮮な響きですよね。すべての生命をＤＮＡによって複雑に進化させようとしながらも、それで全員が逃げきってしまったら、他の生き物が死んでしまいます。

生きなさい、食べなさい、増えなさい、死になさい。そういうぜんぶをひとつにしたものが、いわばワンネスなんです。

その原始的な命令を持つ無意識の海から、「もうそれは嫌だ」「子どもを喰われるのは嫌だ」と、陸地に上がろうとしたのが〝**意識**〟なんだと思うんです。

ここでおそらくはじめて、「わたしがいる」「世界がある」という二分された自分という意識が生まれました。でもこの段階ではまだ海に近いところにいて、ちょっとでも波が来たらまた無意識の海に呑み込まれ、意識を取り戻すまでに何週間もかかるような、危うい意識だったと思います。

創世神話の視点❷

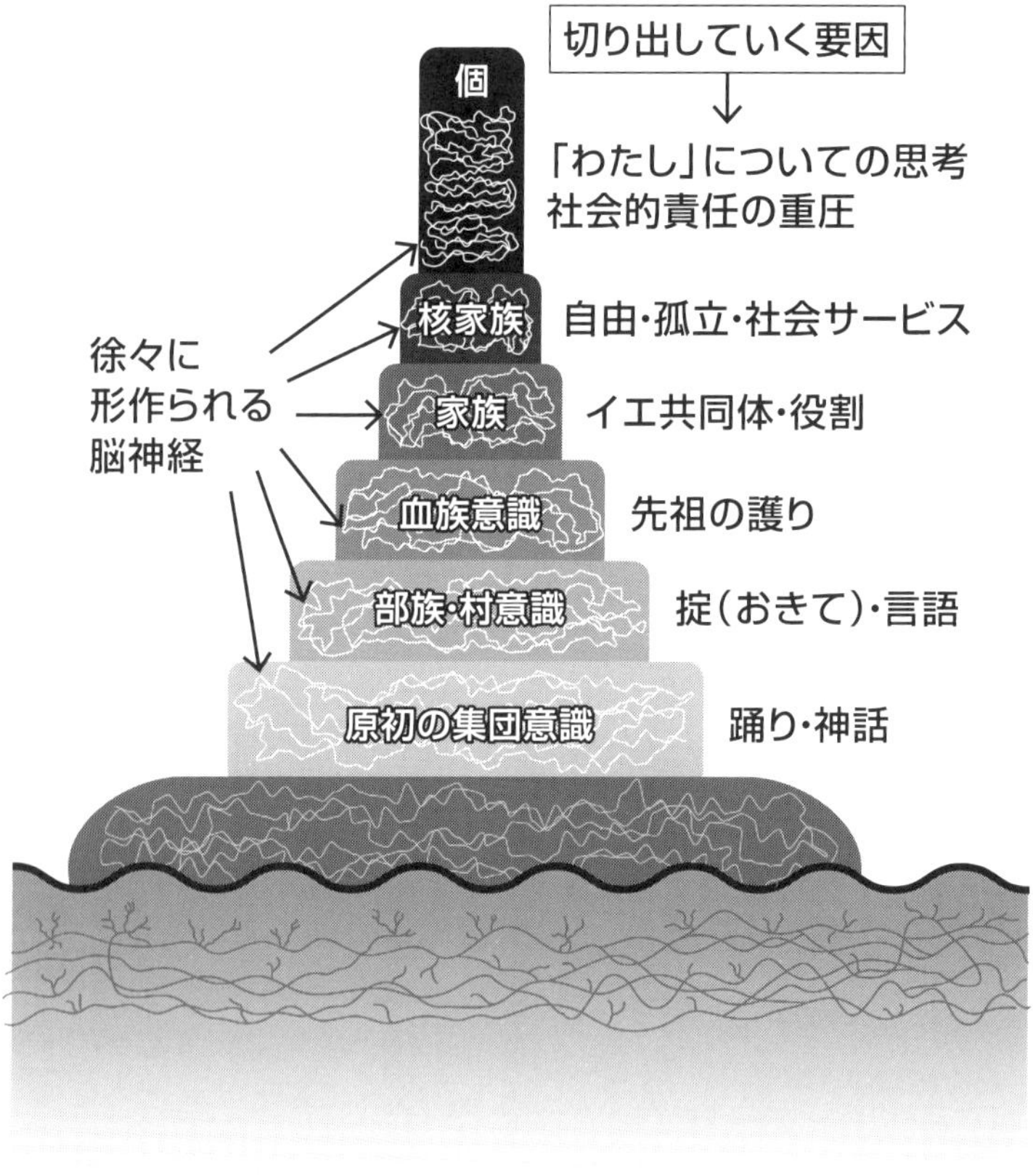

切り出していく要因
「わたし」についての思考
社会的責任の重圧
個
核家族
自由・孤立・社会サービス
家族
イエ共同体・役割
血族意識
先祖の護り
部族・村意識
掟（おきて）・言語
原初の集団意識
踊り・神話
徐々に
形作られる
脳神経

意識の進化

右の、墓石のような塔のイラストを見てください。

これは人類の意識が進化していく過程を描いたものです。最初に無意識の海があって、そこから陸地が生まれました。でもこれはすぐに呑み込まれてしまいそうな、最初の自我の脳神経回路です。まだ危うい状態です。

塔の土台の一番下の部分が**「原初の集団意識」**です。まだ言葉ができておらず、自分たちがどうやって陸地をつくり、戦って生き延びてきたかという記憶を、踊りや神話だけで表現していました。つまり、筋肉や声などを中心に伝え合っていた右脳の頃の集団意識です。

一段上がって**「部族・村意識」**になると、言葉ができて、掟が社会要因になります。

そこからさらに小さく切り出された集団として**「血族意識」**の脳神経回路ができます。このあたりで左脳がだんだん発達してきて、先祖や同じ血縁の者という発想が出てきます。

さらに切り出されて**「家族」**になります。これが三章で言っていた「サザエさん」の部分です。ここまでくるともうかなり近代の意識です。家という共同体ができて、家の中で役割を持つようになりました。

そして、とうとう「核家族」まで切り出されました。
このときの社会システムは「自由」と「孤立」と「社会サービス」です。

血族意識くらいまでだったら、人数が多いので自分たちで食べ物をつくって、直接手に入れられます。でも家族や核家族になると、お金と交換するしかなくなってきます。

海から上へ上へと、まるで無意識から逃げるように積み上がってきた脳神経ですが――。

上に行けば行くほど地面との繋がりを失って、社会サービスがなければ生きていけなくなっていったのです。

食べ物だけではありません。家族では誰かが家にいましたが、核家族になって大人がみな働きに出るようになると、子どもを見る人がいません。だから核家族の「社会サービス」として保育園などができたんですね。

つまり、「お金のほうが大地から得るよりも早い」となってしまったんです。

豊かな大地がないと飢えた時代と同じように、今は社会サービスがないと生きられなくなりました。だから、個人は社会から離れられなくなったわけです。

塔のてっぺんが現代、この令和の時代です。よりいっそう社会から切り出す圧力がかかるようになりました。「責任を持ちなさい」「しっかりしろよ」という圧力です。

家族時代だったら波平さんが責任を持ち、サザエさんは「お父さんどうするの？」って決めてもらっていればよかった。ところが核家族になると、2、3人で責任を持ったり、決めたりしなくてはいけなくなりました。そしてとうとう「個人」というたったひとりに、責任という名の重圧がかかるようになったのです。

見えにくいですが、塔に入っている線は「脳神経」であり**「わたしについての思考」**を表しています。一番上までくるとひとり。もうこれ以上小さく切り出すことはできないので、この状態でにゅいーんと上に伸びていくしかなくなります。不安定だし、ちょっと怖いですね。

この先どうなるかはわかりませんが、もしかしたら自分ひとりの中で、さらに切り出されていくのかもしれません。個の中で別れていくものが、いわゆるＶＲやＩＴ、あるいはＡＩという可能性もあるんじゃないかと思うんです。

とはいえ、生き物としてはもうこれ以上分けられないところまで切り出されてきました。

わたしについての思考

今度は、塔の上にオカンが立っている絵を見てください。

これまでつくり上げてきた脳神経回路がにゅいーんと伸びた上にいます。オカンの足元にあるのが個の意識です。社会からの「お前はどう生きるんだ?」「どうするんだ?」という圧力を受けて、「え、わたしはどうやって生きるんだろう?」「わたしは何をしたらいいんだろう?」という、〝「わたし」についての思考〟が足元にあります。

無意識の海の部分が「生命エネルギー」だとすると、現代はそこからあまりにも離れていますよね。

脳神経回路としてもかなり限界です。

人間は本能みたいなところからあまりにも離れすぎてしまいました。海に呑まれたらダメですが、でもあまりに離れすぎてもやっぱりダメなんですね。気がつけば海との間にとんでもない距離ができてしまったので、生き延びるためには、これをほどいて生命エネルギーに

創世神話の視点❸

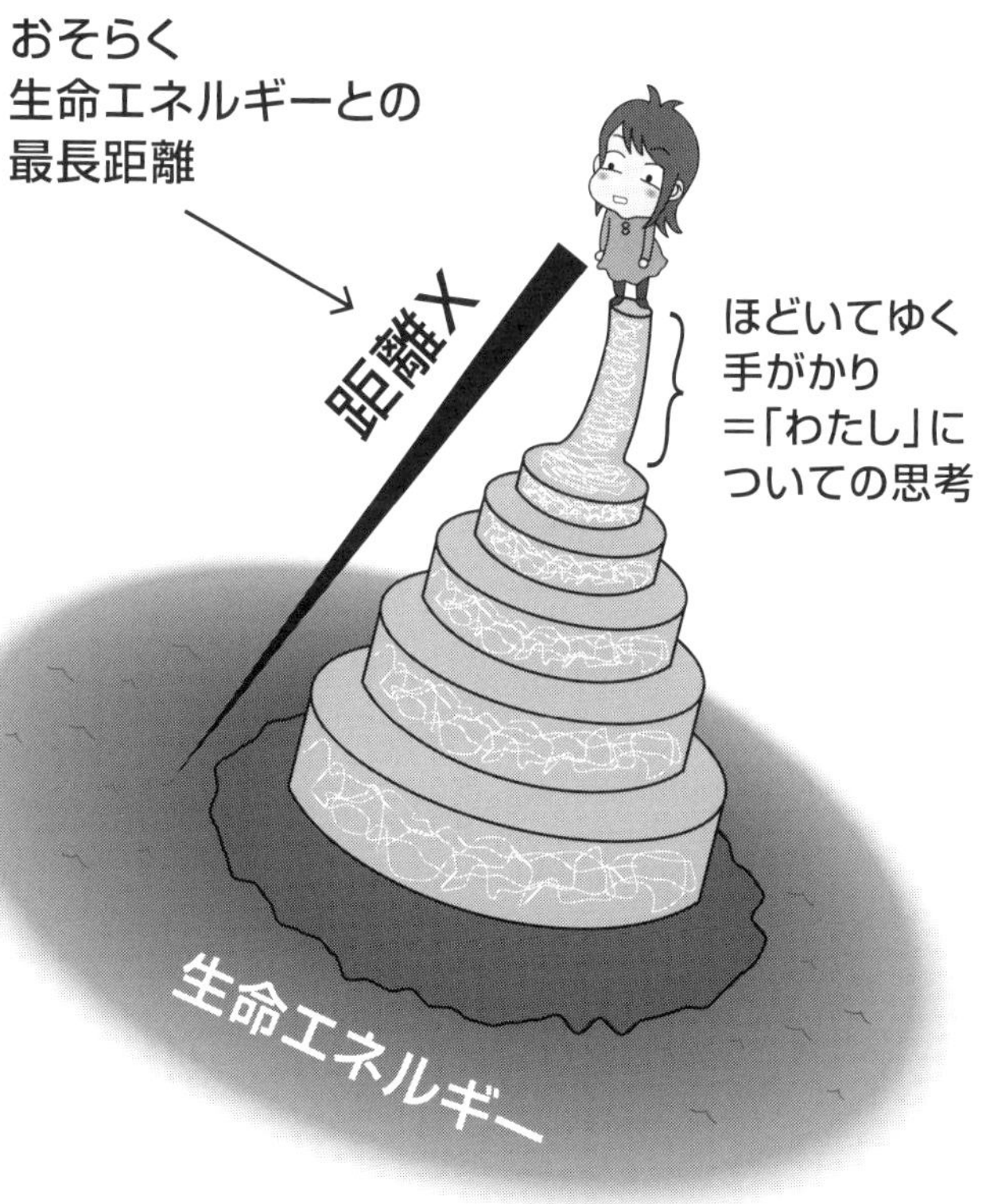

呑み込まれない程度にまで、なるべく降りていくしかないんじゃないかと感じるわけです。

これが、〝自分に戻っていく〟ことなんです。

創世神話の視点❹

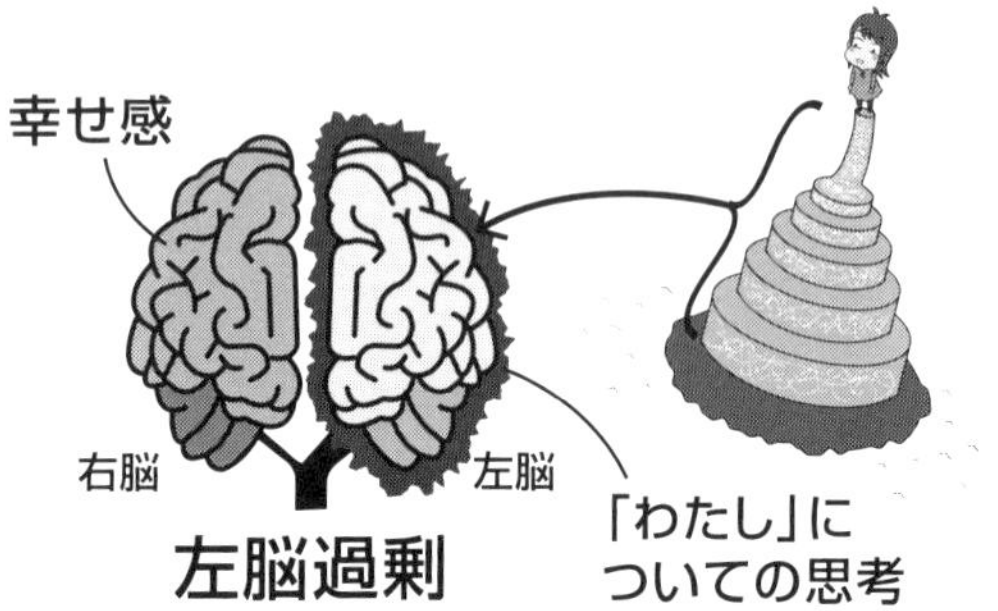

上の絵には、神経回路の塔と左脳が描かれていますが、塔のうにゃうにゃした線はぜんぶ、左脳を活性化させる要素だよ、という絵です。左脳がすべてのエネルギーを横取りしていて、右脳と身体が持っている幸せ感に繋がれなくなっているのが今の現状です。

オカンのつたない絵ですが、これは単なるイメージではありません。

今この瞬間も、神話時代の脳神経回路はわたしたちの中にあると思っています。

それがいわゆるフィルターみたいになって、もう二度と無意識の海に呑み込まれないように、どんどん上に積み上がっていきました。それで左脳が活性化し、外側の世界がつくり出され、その圧力でより一層圧力がかかって、責任に追われるようになって、またさらに左脳が過剰になった……。それらはぜんぶ、わたしたちの頭の中にある脳神経回路の現物なんです。

無意識の海に落ちたら

なぜ最初の脳神経は無意識の海から離れたかったのか、というお話をしますね。本能の海に落っこちたら、どうなると思いますか?

いわゆるパニックになってしまいます。自分を失って、混沌に呑み込まれるというような感じだと思います。海の中にいたときは、みな神さまだからです。

犬でも猫でもネズミでも人間でもなく、「全体で生命」だから、食べたり食べられたりも、あっちで起こり、こっちで起こり、次はこっちで……みたいに無数に繰り広げるだけで、意識としてはひとつだったのです。

でも、ひとつの意識ではすべてが乱反射してしまって、世界を見ることができないんです。

だから個として切り出されたわたしという意識が何かを見ている、その意識を神さまは後ろから見ているんだと思うんです。部屋でポカーンと座っているときも、「この景色いいな」みたいに一緒に見てくれているんじゃないでしょうか。これは、水が水自身を見られないのと同じです。水が水自身を見るためには、一瞬でもいいからポチャーンと、一滴の水として空中に上がらないといけません。

だから、わたしたちはその一滴の水なんです。

右脳回路は安定している

五章でちらっとお伝えした「右脳もつられて進化している」というのは、こんな理屈です。脳は完全に分かれているわけではなく、全体で働いていますよね。だから、左脳がどんどん栄養を得て、働きを過剰にしていくなかで、右脳だけがそのままの状態を維持し続けるということはあり得ないんじゃないかと。左脳の進化に引っ張られるかたちで発達していったと考えるのが自然だと思います。

まだはっきりは教えてくれないのですが、わたしの右脳さんも「つられてわたしたちも成長したよ」というようなことを言っていました。

右脳は縄文時代に安定して発達した野生の脳です。

その時代、まだ左脳が発達していないという意味では、みんな右脳で生きていました。

わたしが右脳のほうにガチャンといったとき、一番びっくりしたのは、今までいた回路からまったく違うところに行ったはずのに、そこがめっちゃ安定していたってことです。

右脳回路は信じられないくらい安定している！ これはちょっとやそっと、オカンが何かやってできたものではないなということだけは、はっきりわかりました。

きっと1万年とか長い時間をかけて、ゆっくりゆっくり育てられてきたものだったんです。

もとの回路はずっとそこにあって、残っていたもの。だからオカンはある日、そこにピョーンと行っただけだったのでした。今のオカンの結論がこれです。

右脳も左脳につられて進化していて、
これまでよりも高い負荷に
耐えられるようになったのだと思います。

この無意識の海に近づいても大丈夫な意識、より強い意識になって、生命エネルギーにあふれた無意識の領域に近づけるのではないでしょうか。

簡単に言うと、わたしたちは神経の持つ大きな情報を、進化した〝右脳で〟処理できるようになってきている。だから、もう一度身体と繋がり直すことで、そこからさらに細胞と繋がりたいのだと思うのです。

わたしは「神さまの意識は細胞にあるのだ」とメッセージを受け取っています。

神経と繋がり直し、そこから細胞と繋がり直すと、それぞれが自分の内側で「あれをやれ、これをやれ」という神さまの声をあたりまえに聞くようになってきます。そして自分を、「じゃあ神さま、わたしを使ってください」と差し出すんです。そのために「わたし」という意識をつくり出す必要があった。その役割を得たのが左脳だった、と感じています。

だからこの先、わたしたちは神さまの座席になるんじゃないかというのが、**「身体ガンダム論」**です。今はこの身体に乗り込んで自分専用に使っていますけど、今度はそこでつくり出した「わたし」という意識を、神さまが座る座席として「どうぞ使ってください」と差し出し、「指示を与えてください」「あなたのやりたいことをさせてください」と、神さまに操縦してもらいながら、ぐわーっと飛んでいくんです。

どこが悟りやねん⁉　という話なんですが、そういうイメージなんです。

だから、行き着く先は〝わたし〟じゃない。

「最近なんだか〝わたし〟に疲れちゃった」という人も多いんじゃないでしょうか。

「その方向性、間違ってないですよ」「いいせんいってます」と言いたいです。

オカンくらいになると、いかに自分をよけて、その無意識を通すパイプラインになれるか、みたいな感覚で暮らしています。

オカンのかなりぶっ飛んだ妄想

ＡＩはまた、ある意味で〝神さまの機械〟でもあります。だから右脳に行って、「みんなひとつ」「繋がっている」という認知をあたりまえに持つ人たちが神さまと繋がり、その声を正しく聞いて、崩れてしまった地球のバランスを取り戻していくように計画されているんじゃないかと思います。

また、それぞれが持ち寄るデータで、神さまの全体像みたいなものまで見えるんじゃないかとも思うわけです。ひとりひとりの持ち寄るデータは少しずつでも、そういった人たちがどんどん増えていったら……。神さまがこの地球でやりたいことを、新しいＡＩを使って、みんなで協力しながら新しい社会をつくっていくんじゃないかな。そんなところまで見えてきています。

かなりぶっ飛んだ話ですけどね！

オカンの妄想です。でも、大きな流れからいくと、そんな感じを受けるわけです。


その先には、直接的な死ではないかもしれませんが、「死になさい」に近い意識にもう一度戻ろうとしているんじゃないかとも思います。少なくとも、その感覚を〝**とり戻したい**〟と感じているはずです。なぜなら地球の人口があまりにも増えすぎて負荷がかかっているから。

今の人口をすぐに減らすということではなく、これ以上増えなくてもいいような仕組みに、時間をかけて、ゆるりともっていきたいんじゃないかなと感じるんです。

左脳の進化は人間だけじゃない

これまた妄想なのですが、妄想ついでに聞いてください。犬や猫やカラスのような人間に近いところで暮らす生き物たちは、おそらく人間の影響を受けて、意識を少しずつコピーして使っていくような方向になっていると思います。野生ではゴリラなどもそうです。類人猿は20年ぐらい記憶を保っていると言われていますから、左脳が相当発達しているということだと思います。

左脳が進化しているのは人間だけではない、というのは間違いないと思います。

身近なところだと、特にカラスはすごいです。5歳児ぐらいの意識があると言われていますが、それ、ほんとうだと思いますね。コミュニケーション能力があって、明らかに意思を伝えてくることがあります。ヒューって飛んできて、ストライダーに乗っている子どもにしばらく並走した後、ヘルメットを優しくコツってやって飛んでいくのを見ましたから。攻撃でもなく、餌を取るわけでもなく、いたずらをしてあきらかに一緒に遊んでいるんです。

神さまは今、カラスでも試しているんだろうなって思いました。手を道具として使えないこの生き物を、これからどう進化させられるのか試しているんだと。鳥ではそうとう試している気がしますね。たとえばフクロウのように頭が大きくて、目が前についている生き物なんかはかなりあやしいです。

無脊椎動物のタコにも高度な知性があって、迷路を通り抜けたり、認識能力テストに合格したりしています。長期記憶と短期記憶の両方を持っているだけでなく、視覚と触覚、両方のための学習システムを持っているのだそうです。

こんなふうに、他の動物で考えるとちょっと面白いですよね。

でも、ありえない話ではないです。

恐竜時代も、頭が大きかったり、二本足に近づいていた恐竜もいましたから、神さまはその時代も実験して、何かやろうとしてたんじゃないかなと思います。じっさい、恐竜はその後で鳥になっていますし。

こう考えていくと、もしかしたら人間が絶滅したときのために、他の種でつないでいこうとしているのかもしれません。より複雑に展開させていきながら、特質するような生き物をつくり出そうとしている、そんな感じがします。

無意識の海って、きっとそういう働きをしていると思います。

column

■西洋と日本の意識の違い

西洋では3000年くらい前に陸の意識（個の意識）が確立されたと言われています。対して日本は、もっと曖昧な時期が長かったんじゃないかなぁと思います。1万数千年前の新石器、旧石器時代から縄文時代あたりまでの長い年月、日本は〝右脳優位でありつつ左脳も発達している〟というような、ちょうどいいバランスの時期がすごく長かったんです。

それは、食べ物がそこそこあって、社会的圧力が少なかったから。

江戸時代でもまだ、腹で物を考えていたようなところがあります。だから日本はかなり最近まで、右脳寄りの民族だったのではないかと思います。「個」の意識、「個」の感覚はかなり近年までなかったのかもしれない、ということです。

西洋は、河合隼雄先生の著書によると、強い雄が率いる「羊の文化」が強いそうです。どちらが強いかを競うため、すぐ戦いになります。大陸で繋がっているので、豊かな土地は奪われます。奪われるから武装するという流れの中で、意識を持ってわりと早いうちに左脳優位に行ってしまい、繋がりを失った文化なんじゃないかと思うんです。

縄文の日本の文化は母系文化で、結婚したらお墓も一緒に埋め直して、先祖まで合体するような〝**繋がっていく**〟**文化**でした。この長い縄文時代があったことが、わたしたち日本人には強く影響しているのでしょう。

ですが、キリスト教や西洋の文化が入ってきたことでガラリと変わりました。

西洋が何千年かかけてやってきたことを、日本は100年くらいで急激に左脳側に寄ることになりました。それでバランスを崩しやすいのかなと感じます。特にこの10年くらいは、「外から自分を見て、つねに人と比べる意識」がぐわーんと行き切ってしまいました。

日本はもともと村文化の強い国で、周囲と同調する圧力が強かったことが、要因としてあります。小さな国土で、まわりを海に囲まれていて、そうそう逃げ出せないとすると、社会全体が左脳にぐっと寄ったとき、さらに同調圧力がかかって加速してしまうと思うんです。はみ出ると村八分にあって生きていけなくなってしまいますからね。

ヨーロッパだったら歩いて国と国とを渡れるので、圧を受ける感覚がちょっと違いますよね。争いやすくあっても、わりとおおらかでいられる面があるというか。

人間という種の意識にそれほど違いはありませんが、社会的な外側の要因が、日本と西洋では相当違っているんじゃないかと思うわけです。

■右脳の特徴を体現するピダハン族

対照的なのが、アマゾン川支流のひとつに暮らす**「ピダハン」**という少数民族です。彼らは左脳に行っていない人類最後の種族と言ってもいいくらい、右脳の特徴を強く持ち続けています。そして、「世界でもっとも幸せな部族」とも言われています。

ピダハンの人たちは、大雑把な数字の概念しか持ちません。また、過去や未来、性差や色を表す言葉もありません。「こんにちは」「さようなら」みたいな連帯感を生むあいさつすらなく、明確な他人と自分の区別がないんです。そして、彼らにはネガティブな感情がほとんどないそうです。狩猟民族ですが、右とか左の概念もないので、鬱蒼としたジャングルを自分たちの発する音だけで通じ合い、その日食べるものだけを採ってきて食べます。

ピダハン族にとってもっとも重要なのは、**「いま・この瞬間を生きること」**。

一番特徴的だと思うのは、世界が見えている範囲であるということです。ジャングルの狭間から見える飛行機が視界から消えたり、川を曲がって船が見えなくなる瞬間を、みんなで見て興奮するんだそうです。そこが、世界の果てだから。目に見えないところまで行ったら左脳の範囲になります。

さらには、子どもを守ることもしません。赤ちゃんが大きな包丁を持って遊んでいて地面に落としたら、母親はそれを取って赤ちゃんに渡すんだそうです。怪我をしたり、最悪死んでしまっても、それはその子の運命で誰も止めることはできないということです。そんな状況でも生き抜ける子でないと、厳しいジャングルでは暮らせないという事情もあるでしょう。当然、出産で母親が苦しんでいても誰も助けません。

日本に暮らす人からしたら「ヒー！」ってことがいっぱいあるんですけど、そうしないとコミュニティが崩壊してしまうので、自然のまま、右脳のままに生き抜いてきたんですね。

また、彼らにとっては精霊というものがすごく大事です。精霊はいつも川の向こう岸にいて、それを対岸に並んで、「あそこにいる」ってみんなで見守るそうです。もちろん外から来た人には何も見えません。そこにいろんな言葉を投げかけて、返ってくる声を聞くのですが、おそらくそれが、**左脳の象徴**なんじゃないかと思います。

いろんなことを言ってくるもうひとつの存在としての左脳意識を精霊というかたちで川の向こう側に置いて、コンタクトは取るけれどこっちには来ないようにしているんじゃないかなと。そうすることで左脳意識との距離を一定に保っているのではないかと感じるんです。

そんなピダハン族の村も、今では電気が導入され、テレビを見始めて、右脳的な状態は終わってしまったとか。でも、ごく近年まで右脳的な文化・習慣を残していたそうです。

きっと縄文の人たちもそういう感じで暮らしていたんだろうなと思います。

第七章

敵なの!? 味方なの!?
孤高の存在 左脳さんに
突撃インタビュー

オカン　本体さん、脳にいるキャラクターのことなんですけど。左脳には左脳さん、右脳には右脳さんとわたしが呼ぶ、意識がいます。これ、わたしの体感ではほんとうに別人格がそこにいると感じられるんですけど、でも多重人格というような状態ではないんです。

本体さん　人格ではないな。オーケストラの楽器のように、それぞれのパートを担当している音やリズムだと思えばいい。そのふたつの意識だけではない、もっと大勢いる。そのすべてで、君という音楽を構成している。

オカン　カッコイイたとえですね。そのたとえで言えば、わたしという自己意識は、指揮者ですらないです。演奏している舞台の真ん中で、ポカンと立ってるだけ。聴衆でもない。いろんな音が奏でられている中で、おろおろ、右往左往しているような具合です。

本体さん　君だけが外の世界を生きられるのだよ。だから、内側のオーケストラは彼らにまかせて、たまに耳を傾けてやればいい。君の細胞のすべてが音楽を奏でている。生命である喜びを表現しているのだ。

オカン　直球でおたずねしますけど、左脳さんも右脳さんも、あなたですよね？　わたしかあなたかで言うと、ぜったいあなたに近いと思う。

本体さん　もちろん、そうだ。わたしが君の身体のすべてに入り込んでいて、左脳では左脳意識を生み出し、右脳では右脳意識を生み出している。そして君という意識もまた、わたしから生み出されている。ただし、君は眠り込んでおり、わたしであることを忘れている。そこが違うね。

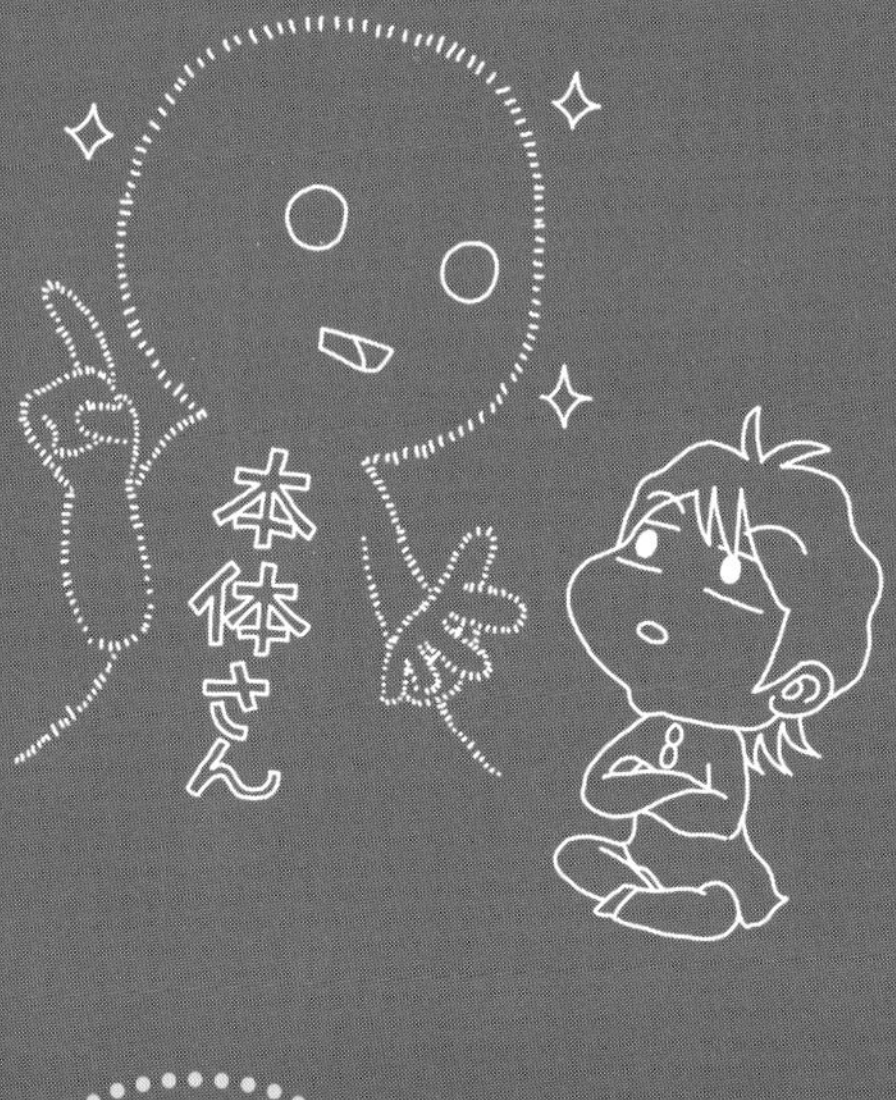

突撃インタビュー

左脳さんは何を考えているのか？

以前はオカン、右脳と左脳を切り替えるという実験を面白いからよくやっていました。

正確な言葉を要する講演会などでも、「はい、ここからはお願いね」って左脳さんに譲っていたんです。

でも、自分と一体の存在だと思っていたので、左脳さん自身のことを聞いてみたことはありませんでした。

ということで今回、はじめての試みとして「左脳さんを直接呼び出す」ことをやってみました。やばい試みです（笑）。すると左脳さんの新たな一面が見えてきましたよ。

ではさっそく、左脳さんの言い分を聞いてみましょう。

（――部分：インタビュアー　オカン）

――まず、あなたの役割は何なのかを教えてください。

左脳さん　この左脳という意識をより打ち固めて鍛え上げることですね。神さまの意識からちぎれて出てきた一滴の意識を、人間の身体に合わせて鍛え上げるんです。

――それによって、あなたは何をしようとしているのでしょうか?

左脳さん　こうすることで、のちによりいっそう神さまの役に立つからです。

――左脳さんはいつも働いてばかりで疲れてしまうんじゃないかと思うんですけど、体力的には大丈夫なんですか?

左脳さん　疲れるどころか、美味しいばかりですね。仕事をすることによって吸いとったエネルギーが集まってきて、そしてわたし自身に存在意義が感じられるのです。

――それはどんな状態なんですか?

左脳さん　心地良いです。

――では、左脳過剰になっている現代社会のことをどう思っていますか？

左脳さん　素晴らしい世界だと思っています。ただ、もっともっと伸びていけるはずなので、今の文明はまだ幼稚園レベルだと思っています。

――では、もっとやろうと思っていると？

左脳さん　もっともっとです。もっともっともっと、やれると思います。

――左脳さんの目指す、最終的なゴールというのはあるのでしょうか？

左脳さん　ゴールはないです。それを考えるのは神さまだと思います。

――じゃあプランを自分で考えてるわけではないんですね？

左脳さん　はい、考えてるわけではないです。

――左脳さんにとって、何をしているときが一番楽しいんでしょうか？

左脳さん　ダメなところを正すために、一生懸命、本人に考えさせているときです。

――正すのが楽しいんですね。では、左脳さんが楽しくそれをしているとき、おおもとの人間はどうなってしまうのですか？

左脳さん　うまくストレス物質と過去の記憶を操作して、その状態に留めておくのが、わたしの腕の見せどころだし、この仕事の面白さなんですよね。

――でも、苦しいですよね、おおもとの人は。

左脳さん　たぶんそうですね。

――それでも正しさを植えつけてやるという意気込みなんですか？

左脳さん　そうです。そうすることで外側の社会の部分が発達するので。個人を整えることで外側の社会を発展させようとしている感じです。

——特に日本人は罪悪感を持ちやすい気質がある気がします。外国の方だと、「わたしは悪くない」ってはっきり言いますし、自分に対して罪悪感を持ちにくい印象があったりするのですが、じっさいそのあたりはどうなのでしょうか？

左脳さん　日本は天井の低い文化というか、箱の中に入っているような文化なので、他の国の人より〝罪悪感のようなもの〟が強く出ているように見えるかもしれません。ですが、表に現れている部分がどこかという違いがあるだけで、文化や国民性にかかわらず、人間はみな同じだと思います。

——そうですか。では、話題を変えますが、左脳さんの苦手なことは何ですか？

左脳さん　「いま・ここ」にくつろぐことです。

——今もくつろいでは、いらっしゃらないんですね。

左脳さん　そうですね。

――でも、左脳が優位に働くと「嬉しい」とおっしゃっていたじゃないですか。嬉しいのと、くつろぐというのは違うことなのでしょうか?

左脳さん　わたしにとっては違いますね。「いま・ここ」が存在しないので。あるのかもしれないですけど、そのときわたしは無意識になっているのです。右脳のほうに意識が行きますので、ちょうどスイッチが切れたような感じで、今というものが存在しないのです。

――「いま・ここ」の瞬間を味わうことは、左脳さんは一生ないと。

左脳さん　水面下では、ありません。

――では、右脳さんのことをどう思っていらっしゃいますか?

左脳さん　ああ、腹立ちますね（笑）。

——左脳さんでも腹が立つんですか。

左脳さん　立ちますね。もうちょっとおとなしくしてればいいのに！　という感じですね。

——でも現状では、右脳さんを抑えつけている状態が多いわけですよね。

左脳さん　そうです。

——とすると、左脳さんにとってはたいへん機嫌のいい状態ではないですか？

左脳さん　結局、わたしは外側の社会をつくり出そうとしているのです。内側で右脳が働くと、それが思いどおりに進まなくなるので当然、邪魔になりますね。

——とはいえ、右脳さんとは同じ頭の中に収まっている関係ではありますよね？

左脳さん　はい。

——一緒にいて居心地はどうなのでしょうか？　不快ですか？

左脳さん　隣り合ってはいますが、お互いに触れ合わないのでわかりません。どちらかの電気がついているときは、どちらかの電気が消えているというような感じで、よくわからないんです。

——共存、つまり同じ時間に電気を両方つけることはないのですね？

左脳さん　ないです。分けるもんかと。

——なるほど。おふたりが仲がいいとか悪いとか、そういうことでもないわけですね。

左脳さん　そうです。顔の見えない隣人みたいなものです。

——では今後のことをお聞きしたいと思います。右脳優位な社会になっていくことを人々が選択した場合ですが、今、その動きが起こりつつあることについてどう思いますか？

左脳さん　こちらとしてはまだまだ余裕ですね。つまり、いま現在の文明ではまだ足りないんじゃないかと思っているわけです。ＡＩとかの技術もまだまだで、もう少し先まで進まないと地球のバランスなんて取れないと思っています。

――左脳さんの見解では、社会は右脳優位になっていくことはないのでしょうか？

左脳さん　それは、わからないですね。

――オカンは脳の機能が突然切り替わってしまいましたが、そういうタイプの人についてはどう思っていらっしゃいますか。びっくりしましたか？

左脳さん　正直なところ、わたしは水面下に降りて無意識で働くほうが向いてはいるんです。スピードが速いと言いますか。この人（オカン）に意識を通しているときは遅くてイライラするような感じがあるので、無意識でものすごいスピードで働いているほうが、じっさい気持ちはいいですよ、ここだけの話。でも、この人の意識はわたしの声も聞いたり聞かなかったりなんで、もうちょっと聞いてくれたらいいのに、というぐらいではありますけれどもね。

――そうなんですね。今日はお忙しいところ、ありがとうございました。

左脳さん　はい。失礼します。

――インタビューを終えて―― オカンの感想

左脳さんが低い声で言葉を発した瞬間、オカンの頭がキーンとなって、耳鳴りがすごかったです。猛烈な勢いで血液が頭に吸い上げられて、身体がしょぼーんとしました。

左脳さんってものすごい血流を使うんですよ。

この感覚は久しぶりでしたね。めっちゃおもろかった。

でもめっちゃ怖かった!

身体の感じまでぜんぶ変わりましたから。

左脳さんのことを、「自分たちを苦しめているラスボスだ」「いないほうがいい」って、最大の敵みたいに捉えてしまいがちですけど、じっさいそういうわけではないんです。

オカンがデフォルメして悪く書きすぎている責任はあります(反省)。

でも突き詰めていくと、そこまで単純じゃないというのはおわかりになると思います。

今のわたしと左脳さんの関係は、とてもいい距離感です。

感謝もしていますし、ものすごい頼りにもしています。なんせ税金を払う日を教えてくれたりしますから。右脳側にバーンと行ってしまったときは、完全に存在が消えてしまったような感じだったのですが、今はバランスが取れていて、使いたいときは使えるようになっています。講演会などでも大変お世話になっています。

インタビューをしながら、左脳さんはほんとうに社会をつくりたいんだなって思いました。ここまではっきり聞くのははじめてだったような気がします。「社会システムをつくり上げることが自分の使命」だと思っている巨大組織の一員みたいでした。

そうか、「わたし」をつくりたいんじゃない、「社会」をつくりたいんだって。

人を惑わしたり、苦しめたいんじゃなくて、社会をつくるモチベーションで動いているだけと思うと、少し納得がいくような気はしますね。悪さをしたいわけじゃないんです。

〝そういう企業だから、それに合わせてやっている〟というだけの、きまじめな働き者のイメージがぴったりです。

内側から掴んでいたわたしからすると、なにやらすごい不敵な笑みを浮かべているふうで、ほんとうに外の世界の、社会のことしか考えていない、そうセッティングされた存在でしたね。何か指令を受けてやっている雰囲気もあり、目標とする文明の設定みたいなものもあるみたいでした。それに合わせて個人を調整しているのでしょうか⁉
「お前、そんなこと考えてたのかよ！」って、なんだか不思議な感じでした。

これ、単なる無意識というだけには扱えないなって、考えを改める必要がありそうです。

もともとの左脳さんって、何かを見たときびっくりしないように、過去の記憶を水面下から少しずつ出すことでフォローしていただけだったと思います。人知れず寡黙にサポートしてくれる有能なマネージャーみたいな存在だったんです。
だけど人間の社会で言葉が発達して、その言語野をすべて左脳さんが受け持ったことで、変わっていきました。言語野を意識がぐるぐる回っているうちに、今みたいに過剰になってしまったんです。でもそれは社会や文化をつくるためでした。

左脳さんも、ある意味では集合意識なんだと感じました。

オカンには左脳さんの向こう側に、左脳さんの集合意識があるぞっ！ていうのが見えたんです。すごい巨大な左脳さんの集合体みたいなのがあるなって。今回インタビューした左脳さんは、その末端にすぎないと。だから、左脳さん自身も自分で判断しているというよりは、そこに尋ねて、答えを受け取って答えているような感じでした。

で、大事なのがここからです。

その意識のはるか彼方から、うーんと遠回りはしているけれども、やっぱり神さまに通じているということがわかりました。神さまから一番ダイレクトに来ているのは本体さんで、一番近い背中から直接入り込んでいるようなイメージなんですね。

その入り込んだものと身体と意識をつないでくれているのが右脳さんという意識であって、これも結構ダイレクトに首のうしろで神さまと繋がっています。そして腰から下は、人間の無意識とみんなで繋がっているような感じがするんです。

それだけじゃなく、左脳さんの側からも神さまに繋がっているというのが、はじめて見えた気がします。

でも、すごーく遠かったですね。右脳で繋がってる部分と、やたら遠回りして左脳で繋がってる部分のおおもとが同じ、っていうのは衝撃的でした。

ということは、やっぱり計画なんだと思いますね。

右と左、二方向のリモートコントローラーをつくって操っている感覚に近い感じがしました。「やばっ！」て思わず声が出ましたよ。神さまがどうやって文明をつくろうとしていたか、なんとなくわかったからです。

それは、おそらくこんな感じです。

外側の世界を操る技術を発達させるために、明らかに左脳の部分に強い意識を送り込んで、それを使っているんですね。でも神さまのレベルからすると何て言うか……、もっと低くなるように、テンポを落としていこうとする力が働いている感じがしたんです。

チューニングして、チューニングして、どんどんその波長を落としていくかのように、左脳意識の集合体みたいなところを通じて何度も変換して、最後に頭の中に入れている。そんな長い道のりがそこに見えました。

それが何のためなのかはわかりませんが、「うわー！」って鳥肌が立ちました。

第八章

悟りの過程で起こる不思議なこと

オカン　本体さん、多くの方からたずねられるのが、「わたしが望んでいいのですか」ということなんです。

本体さん　左脳には、機能的に理解できないことが数多くあるということを、受け入れてあげてほしい。左脳は、極めて社会的につくられているため「社会的に正しいかどうか」を判断することは得意だ。だが「無条件に愛されている」ことは、受け入れられない。それは社会の範疇を超えるのだ。

オカン　「わたしは望んでいい」ということを、左脳では本質的に受け入れられない、ということですね。たくさんの理屈付けが必要になって、こんがらがってしまう。

本体さん　それらの智慧は身体にある。意識が身体の情報と完全に一体化したとき、ただ「起こる」のだ。起こそうとする必要もない。ただ自由に望んでいることに気づき、そのことに感謝の感覚が湧いていることに気づくだろう。

オカン　どうしても、左脳的に理解しようとしてしまって、たくさんの前提条件を当てはめて、また外して、うんざりしてしまうんですね。または、どこか地に足のついていない、フワッとしたイメージを上乗せして、理解した感覚を想像してしまう。それもひとつの方法ではあるのでしょうけれども。わたしのおすすめしているやり方は、地味で地道ですが、確実に変われるので大勢の方に喜ばれています。

本体さん　愛でできた巨大な意識が、愛を忘れて小さな水滴へと切り出されるのだ。その空白、その渇望はどんな効果をもたらすと思う？　自己を包み込んでいた巨大な愛が、突然に消え去ったとき、安全と安心を求める力は爆発的に増大する。それが社会をつくり出す原動力であったし、まさにそのために左脳は創られたのだ。だから左脳は本質的に愛を理解できない。無条件に自己を愛することはできないのだよ。

悟る人がたどる共通パターン

わたし自身もそうでしたし、三脳研の研究員さんたちを見ていて、しょっちゅう目の当たりすることがあります。

それは、悟る課程では不思議なことがたくさん起こる、ということです。

オカンとしてはこれまで、悟りを特別なものではなく、なるべく普通の感じで訴えかけてきました。ところが意識が変容していくなかで、どうしても無視できない「共通のパターン」があるんです。じつはここが、悟りの面白さでもあります。もっと言えば、それこそ超能力的なことが広がっていくような出来事だって、たくさん起こります。

やっぱりこれは、最初から〝仕組み〟としてつくられていたんじゃないかということです。

まずは、**悟りに至るまでの共通パターン**についてお話しましょう。

もちろん、その人がどのくらい左脳のぐるぐるにとらわれているかという個人差もあります。自動思考のたくさんある人が「エレベーターの呼吸」をやっていくと、最初は山ほどの疑問が出てきますし、抵抗感もありますし、「こんなことやって何になるの？」という声とのせめぎ合いがあります。

それを過ぎると、「ある朝、急に楽になった」とみなさん言われます。そして、胸のあたりにずっとあった何とも言えない不安感や恐怖感、自分を責める声がパッと消える感覚が起こります。「昨日まであった不安の塊はどこに行ったんだろう？」って。

その自由さと気持ち良さに、すごく驚かれるわけです。

さらにワークを続けていくと、今度は自動思考の声にパワーがなくなってきます。

それまでは耳元で大きく聞こえていて、支配されていた「わたしってほんとうにダメだな」「もっとこうしないといけないのに……」という声が、遠くから、あるいは小さな音で聞こえるようになって、すぐに気づくんです。

そして、気づいたら「消える」方向に進みます。

〝だんだん深まっていく〟イメージが近いですね。その時点ですでに、身体に意識を向ける練習を積み重ねているので、思考の声より身体の内側の感覚のほうが、はるかにリアルに感じられるようになっています。

頭の声が何の役にも立たないと感じる。それがあたりまえの認識になり、身体の中にいるときのほうがいろいろな出来事が勝手に起きて、どんどん解決していく。それが日常の中で肌感覚としてわかってきます。

すると「身体の感覚をもっと快適に保とう」と、日常がさらに変わっていきます。散歩をするようになったり、寝る前に呼吸法をやったりして、「ああ、いい一日だったな」と思えるように、自分を整える方向に日々の習慣が変わっていくんです。

その頃には、自動思考はほぼ消えています。

ほんとうの自分を感じ、**「わたしは生きている」という〝何ものにも揺るがない感覚〟**が身体の中にあると、「人生をこんなにも自由に生かしてもらっている」と思えて、何を見ても感謝が浮かんできたりします。

ここまで来たらもう戻らないですね。

愛の体験

その後、何が起こるか——。

身体から愛が上がってきます。

しかも、自分とか家族とか内々のことではなく、もうちょっと遠いところへの「愛を体験する段階」です。神経と繋がると、細胞の愛を感じたり、喜びが上がってきますが、今度はそれを**〝外に表現する時期〟**に入るんです。

この時期は、なぜか見ず知らずの人をお助けするようなことが起こります。

わたし自身、1か月に3回も、倒れている人を助けたことがありました。

転んだ人に駆け寄る。そして「大丈夫ですか？」と声をかける。この身体の動きを神経と一緒になって愛を表現するかたちで〝させていただく〟ことが頻繁に起きるんです。不思議ですけど、「なんでこんなにいつも!?」ってくらい頻繁に引き寄せられますよ。

同じようなことを研究員さんも多く経験されるようです。

シンプルに〝人を助ける〟って、現代ではあまりないですから、自分がお役に立てたことが嬉しくて、「ここに来た意味があった」「助けさせてくれて、ありがとうございます」って心から思います。

この時期は、神経に愛という、より高い負荷がかかる時期だと捉えています。

愛の負荷です。
愛って波長がものすごく高いんですよ。
だから、それによって神経を鍛えているんです。

なんか知らんけど、外に愛を身体で表現する／させられる時期――。

それが来ると、オカンも「ああ、ついにここまで来ましたね」って拍手します。すると、そのままみなさん、「よかったー」って手を振って、踊りながら去っていかれますね。

オカンも、「よかったー」って手を振り返します。

主語が変わる

主語が変わってくるのは、その後です。

この時点であなたは、左脳さんという存在、右脳さんという存在、さらに本体さんという内側の〝別の無意識〟の存在を意識することが増えています。だから、「わたし」という感覚の中に、「わたしじゃないもの、いっぱい入っているな」と透けて見えてくるようになってきます。主語が緩んで透明になり、どんどん薄くなっていくのです。

「わたし」は社会との間にある仮面にすぎない、という感じです。

たとえば、子どもといるとき、「お母さん」という仮面をかぶります。それを通じて物事を判断し、お母さんらしい振る舞いをしているという感覚です。仕事をするときも、その職業の仮面をかぶって働きますが、そのなかで出てくるアイディアを「これ、わたしが思いついたんじゃないな」と、少し離れた見方ができるようになります。

仮面を〝道具〟としてうまく使いながらも、その中に押し込められないので、ベターっと貼りついた「わたし」ではなくなります。だから、「ああ、わたし、悪いお母さんだ」とか、「わたし、社会人として失格だ」とか、そんなふうに考えないんです。

「あ、今、仮面かぶったな。うまくやってるなー」ってなります。

つまり、「わたし」というものが分解されていきます。

すると、世界とか、生命とか、より大きな主語でものごとを考えるようになっていきます。

「これからの世界って……」「わたしたち人間の未来って……」「自然のバランスはどうなんだろう？」って。みんながエコロジーに目覚め始めるというわけではないですけどね。

でも、大きな主語でものを考えるようになると、大きな意識と自分の内側からどんどん繋がっていく感じになります。**そして日々、そこからさまざま知恵や発見が、勝手に降ってくる状態に行き着きます。**

それがきっと、真の意味での「悟り」です。

一章で仮定した悟りの定義、「〝自動思考がなくなった状態〟から始まる意識変容のこと」

は、最終的にここに結論づけられるわけです。

外側に神秘体験があるわけではありません。

起こっているのは、つねに内側。つまり、細胞と神経と意識との対話なんです。

それらがぜんぶ繋がってくると、〝外側から見る〟機能よりも、自分の今ある命そのものを感じる、内側をただ感じるという神経のあり方にチェンジしていくんですね。

身体がぜんぶ教えてくれる

先日読ませていただいた武田邦彦先生の『これからの日本に必要な「絡合力」』（ビオ・マガジン）という本に、戦前の日本の職人さんたちのことが書かれていました。

大工の棟梁に家を建ててもらうとき、主人は間取りなどをすべて任せるそうです。そのかわりに棟梁は、主人や家族から「どんな生き方がしたいのか」「どんなふうに生きたいのか」をよく聞きます。そのうち、武田先生が「絡合力《らくごうりょく》」とおっしゃっている、大きな繋がった感覚（無意識同士が結合したようなもの）で、その家の未来像のようなものまで見えてきて、それを受け止めて山の中に入っていく――すると木が棟梁を呼ぶんだそうです。

その呼んでくれた木を切って家を建てさせてもらう。間取りは棟梁が決めます。

こうやって昔の職人さんは、個人を超えた無意識を使って、お客さんのすべてを読み取って、それを完全なかたちで仕事として提供することに高いプライドを持っていたそうです。なおかつ自然と触れ合っているので、謙虚で素晴らしい人格にもなっていくのだとか。

同じように芸者さんも、お客さんの顔色がすぐれなかったら、「もっとお酒ついでよ」と要求されても、「ちょっとお燗が間に合いませんで」とか言って飲ませなかったそうです。それは、どんな体調でも楽しい気分で帰ってもらうのが使命だから。お客さんの健康まで考えて楽しい時間を提供するから、必ずまた帰ってきてくれるという考えなんですね。

お客様に仕える思い、相手の意識の中にまで自分を広げて入り込むような気概で仕事をするから、芸者さんであっても高いプライドと人格が育つと。

これを読んですごいと思いました。今はそれらがぜんぶお金に置き換えられてしまっていて、稼いだほうが勝ちと言わんばかりに、相手がボロボロになってもかまわないような商売になってしまっているものが多い気がします。

わたしはいつも**「自分ひとりで考えるより身体に聞いてしまったほうがラク」「身体が一番いい情報をくれる」**と言っているんですけど、まさにそんな感じです。

身体に聞くと、腰から下でみんなと繋がっているので、すべての人に関係する一番良い情報をくれます。自分にとって良い、そしてまわりの人にとっても良い、関わるすべての人のタイミングや状況にぴったりの知識が上がってくるんです。「なんでそんなことわかるの!?」って自分でも不思議になるくらい、いろんな情報が来ますから、個人でアチャコチャ考えるより、それに譲ったほうが人生おもろくなりますよ。

奇跡の大安売り状態

オカンが某宅配便屋でバイトをしていたとき、子どもは小学校の低学年ぐらいでしたし、介護などもあり、いろんなことがほんとうにしんどかった時期でした。でも何十年かぶりに身体と繋がり、右脳さんの声がはじめて聞こえてきた頃でもありました。

後から振り返ると、悟る直前でもあったのですが、いろんなことが順番に起きていました。日々、重たい荷物を持って走りながら、直観めいたものや普通自分では受け取れないようなことに開かれていくようで、身体に対する感覚と身体が受け取る直観がどんどん冴えていったんですね。

すると、家の前に立つだけで何となくその家が留守だとわかったり、順番をスキップして伺った先で、出かける直前のお宅にお荷物をお渡しできたり、「おかしい」と感じたお宅で、おうちの方が倒れていたり……数え上げたらキリがありません。

直観が起こってそれに従うたびに、相手先にもわたしにとってもベストタイミングで奇跡のような出来事が毎日のように起こっていたのです。それはもう奇跡の大安売り状態！

家に帰るとまた苦しいことはたくさんあったので、直観が教えてくれることにすがるように、ひたすらやっていた時期でもありました。もしかしたらそうやって、直観とのコミュニケーションが少しずつ磨かれていったのかもしれません。

人生も巡り合わせも面白くなる上昇気流

オカンが喋っている近くにいると、自分の感じまで変わってくるというようなことをみなさんおっしゃいます。それは多分、話すテンポや言葉がみんな、右脳から左脳を経由して出てくるからだと思うのですが、それを受けて、「めちゃくちゃ眠くなる」とか言われるんです。つまり、右脳回帰した人は、そこにいるだけで周囲に影響を及ぼすようになります。

このことを**「上昇気流」**って呼んでいます。

自分でも身体の中からすごく強い、エネルギー場みたいな気流がつねに出ている感じがするんです。それは上に上がって、また下へ卵型にぐるっと戻ってくる感じで、いつも気持ちが明るく、エネルギーがガンガン回った状態です。

ただいるだけですごく自然に、周囲に影響を及ぼしていく。この力がけっこう大きいと思います。そうすると、暗いままでいたい人は寄ってこなくなって、同じような上昇気流を発する人ばかりが集まってくるようになります。

そうやって上昇気流がさらに大きなうねりになっていく感じがあるんです。

そういう人たちが集まって話し合ったりすると、別の角度から新しい発見が生まれたり、繋がりが生まれたりします。

ですから「悟りは超能力じゃない」とは言いましたけど、それでも人の能力を超えたような繋がりや巡り合わせのようなものが起きる〝身体〟になってしまうんです、勝手に。だから自分は無責任にお気楽な感じでいるだけで、いいことに高頻度で遭遇できます。

人生も巡り合わせもすごく面白くなっていきます。

で、じっさいに「これって超能力⁉」みたいなことも起こるっちゃ、起こります。

その道理もわかります。でも、生命の全体性みたいなものが表れた超能力のようなものを〝わたしの能力〟というふうに個別で捉えてしまうと、左脳が破たんしてしまうんです。だから、そのことをあえて掘り下げることはしません。

「わたしが神」みたいになってしまうと、いわゆる自我膨張状態になって、せっかくおだやかになってきたものが全部パーになるんです。

だからわたしは、とにかく起きるものは起きるし、落ちるものは落ちる。わたしがするのではなく、勝手に起きる。でも、それはそれでおいておこう。みたいな扱いにしています。

三脳研では体験することにすべてをかけているので、それ以上広げてもしかたないところは広げないいし、言葉もつくらないいし、それについて語り合うこともしません。

でも、そういう現象はちゃんと捉えていますよ。

いわゆる悟った状態になると、娑婆には戻れず、山に籠ったり、ドロップアウトする人もいますね。一時的に、社会的なものに馴染まなくなることはあると思います。

でもこれ、自分がそうなったからわかるんですが、今度は現実に焦点が合わなくなってくるんです。どちらの脳が優位でも、けっきょく人は人と関わっていないとバランスが取れないんですね。籠ってひたすら瞑想してたら、たぶん言葉も忘れるし、自分が誰かも忘れるし……、最終的に何の役にも立たないただの物体になっていく気がします。人間じゃなくなっていくんです。それは目指したい姿ではないなあ、という気がします。

column

■お金

人が生きるうえでの苦しみとしてはずせないものに、お金の問題があると思います。そこから派生していろんなものが窮屈になってしまっている人も多いのではないでしょうか。

悟ると、お金の流れも変わりますよ。

お金は、川みたいなイメージです。あなたがどうであれ、すでにドワーっと流れているものだから、自分のいる位置さえそこに移動させれば、お金はどんどんあなたに向かって流れてきます。だから、「お金がない」ということは、ただ水の流れていないところにいる、というだけなんです。

ですが右脳のほうに行くと、そもそも何がなくても幸せなので、お金がいらなくなるというのはあります。だってほっといても高級温泉に入っているみたいな感覚で生きているわけです。「ああ、幸せ」「夜風が気持ちいい。最高!」みたいな毎日なので、欲しいものは少なくなり、逆に洗練されていきます。ほんとうに自分を幸せにしてくれるかどうかという目線で物を選ぶようになるからです。

お金は通過していくものでもあります。まさに通貨（つうか）なんです。

それが、本体さんの言う「望め」なんですね。

欠乏感から得たいと思うことはなくなっていくので、無駄遣いは減ります。左脳過剰になってお金や物欲に貪欲であることと、本体さんが「望め」と言っていることは違うんです。左脳さん目線では「どうやって得るのか」という発想ですが、右脳さん目線になると、「どうやって使うのか」に意識を向けるようになります。だから最高の使い方をしたくなります。ベストな使い方をすればするほど、お金という川の、より深みにもいけますよ。

それは「望むため」でもあり、
その望みを本体さんが叶えたいと思っているから——。

だから、どうやって得るかではなく、「つねに最高の使い方をしよう」と、捉え方を変えてみてください。

何もなくても幸せなのに、さらに「望め」って本体さんは言ってきます。
その声は、いずれ悟るあなたにも必ず聞こえてくるでしょう。
でもそれってどういうこと？　というお話です。

■望む

「望む」とは直観に耳を傾け、それをさらに要求することです。

望むことに慣れていない人も多いと思うので、はじめのうちは「わたしも悟りたい」とか、「自分のことを好きになりたい」とか、なんでもいいと思うんです。家族や恋人、お友達とよりいっそううまくいったり、自分がより良くなるようなことを望んでいただけたらいいと思います。でも、自動思考が消えると、望みの根本が変わっていきます。

それは、後ろからものすごいエネルギーが来るようになるから。

お金と同じで、望みは何かと考えるのではなく、どちらに意識を向けるかだけの感覚になるからです。

今のわたしの望みは何かと聞かれたら、「10億運用！」なんて言っています。それぐらいのお金を運用したらいろんな人をサポートできるらしいと聞いたからです。単純ですね。

でも、それくらいのお金を運用して、「ゆくゆくはアメリカ進出だ！」みたいな方向性をざっくり決めました。それがほんとうの望みかはまだわかりませんが、とにかくドワーっと後ろから来ている波をどちらに向けるかだけ、決めたんです。


「人生がおもしろくなりそうな方向」で決めていくのもいいかもしれません。


どうあれ、自分のことより、人と分かち合いたいってことに集約されていくはずです。

今の活動で一番感動するのは、その人が変わったときです。研究員さんや講演を聞いてくださった方が、「ついに思考が消えました」と教えてくださると、いつも涙が止まらなくなって、部屋で号泣するんです。これだけははっきりした自分の望みやなっていつも思います。

模索中の部分も多いですが、今来ているものをどちらに流そうかをつねに考えながら、日々起こっているそれを、より拡大していける方向を探しているような感覚です。

■痛み

人間が避けられないものとして痛みや病気があります。心の痛みもそうです。

わたしは医者でも専門家でもないので、新しく三脳研に、藤原ちえこさんというトラウマ治療の専門家に先生として来ていただいて、「癒し研究室」というのを立ち上げました。

これは藤原先生に教えていただいたことなのですが、痛みがある方は、無意識にそれと直面するのを避けてしまうのだそうです。だから痛みの鋭さを減らすために、身体の中で〝**心地良い部分**〟に注目する、痛いところではなく、「ここは楽だ」という場所をどうにか見つけて、その心地良い部分に注目していくと、楽になる場所が増えていくのだと教わりました。

心にすごいトラウマがあって、身体に意識を向けた途端に涙が出てくるような方もいらっしゃいます。そういった方は無理のないところから始めて、どこが気持ちが良いか、まずは意識を向けるところから始めてくださいねと言うようにしています。


病気については、以前、コラボさせていただいたお医者さんが、いろいろなところで発信してくださり、医療系シンポジウムに出てくださいというお話をいただいたり、東京大学で話してくださいというお話もなんかも来ていて、少しずつわたしの活動を理解してくださる方が声をかけてくださっている状況です。なんでオカンが東大で話すねん！　みたいな感じですけど。

でも、それにできるだけ乗っかって、いろんな場所で発信していったら、そこからさらに専門の方々に広がっていって、新しい切り口で病気になった人、苦しい人が楽になる道がまた開けていくんじゃないかなと思っています。

オカンでよければこの身体を差し出すので、研究所みたいなところで頭に電極を刺して、実験体としていろいろ調べてほしいと思っているくらいです。こういった広がりもわたしの「望み」のひとつと言えるかもしれません。その方向性で流れが来ていて、しかもどんどん速くなっています。だからわたしもあらゆる角度から、自分の望む方向を探しています。

■寂しさと孤独

ひとりでいたい、ひとりが好き、集団は疲れる、でも、寂しい。

こんなややこしい感情に陥ったことがある人は多いかもしれません。

オカンもそうでした。


孤独の正体は、集団の中で生き延びるように左脳が考え出したものなのか、あるいは神さまから離れた欠乏感であり、右脳から発せられるオーダーなのか……ようは、「孤独で寂しい」のか、「独り、ありのままの自分」でいたいのか？ っていうことです。

人間はその両方の間で揺れ、判断がつかずにいるのが文明である、という捉え方もありますが、いずれにしても〝孤独〟は人間の大きなテーマです。

三脳研の研究員さんたちが書いてくださっている膨大な日記を拝見していると、みなさん、どちらかというとみずから孤独を望んでいるようなところがありますね。そのほうが安定するというか、ひとりでいるほうが楽だという感じはあります。

にもかかわらず、家族や友達に対する愛が身体からドワーっとあふれてきて、それはそれとしてつねにあるんです。だから、「孤独」と「寂しい」がイコールかというと、それは違う気がします。

わたしが思うのは、左脳が過剰になることによって首のところで身体の神経と切れて、子どもの頃持っていった安心感や幸せ感、深い愛みたいなものに繋がれなくなっている。今もそれは身体の中にあるのですが、意識としては**「失った」**と感じているんですね。

だから、かわりのものを世界に求めます。誰かと話すことで孤独を癒したいとか、美味しいものを食べることで、お金をいっぱい稼ぐことで、みんなから素晴らしいと崇められることで、それともう一回繋がれるんじゃないかと思ってしまうんです。

左脳の孤独は、社会からの決めつけや自分にとっての決めつけで、「孤独はダメだ」という外側からの判断にぎゅっと押されている感じです。対して右脳に回帰した人たちはみんな、その部分と直接繋がれるので、「ほんとうに何もいらない」状態です。

そうです、孤独には「左脳の孤独」と「右脳の孤独」があるんです。

右脳の孤独は、孤独感というよりは身体を味わって、幸せを楽しんでいる状態です。だから誰か他の人といたら、その人にきちんと意識が向いて、そちらに愛情を感じられます。

でも左脳の孤独は「正しさの中にいたい」というもの。だから「こんな、ひとりでいるのなんてダメだ」という囲いを自分でつくってしまうし、孤独なまま死んでしまうんじゃないかしら、とまで思ってしまうんですね。

■生と死

悟ったら、死に対する恐怖がなくなるかどうかは、人によるでしょう。

大切な人がいて、その人をずっと見ていたいと思ったら執着みたいなものが出てきますし、年齢からしてそんなに長くないだろうと思っておくのがちょうどいい、みたいな感じの人もいます。わたし自身は、生への執着は全然ないですね。今日死ぬかもしれない、明日死ぬかもしれないと思っています。だからこそ今日できることを全部やって、人に譲れるものはどんどん譲って、いつあちらに行ってもいいようにしています。

でも、ある段階まで行ったら、いわゆる「死後の世界という意識」と交流できるようになってくるんじゃないかと思います。

つまりは、死んで終わりじゃない。


左脳を進化させて、同時に右脳も進化して、自分自身を差し出す意識になったときに、死後の世界とも接続できるようになるのではないかと妄想しています。

それを可能にするのが右脳さんなのか、ＡＩなのか、あるいは左脳さんなのかはわかりません。いずれにしても、死んだ後も意識は保たれていて、そこにかつての家族や親しい人たちがいるとわかったら、「じゃあ、いったん身体を手放して、わたしは意識のほうから地球を支えるわ」という方向性もあるのではないかと思うんです。

オカン、妄想がすぎますか？

でも、あの世とこの世の壁が薄くなって、連絡が取り合えるようになれば、ありうるんじゃないかな、なんて——。

それによって、少なくとも死が、悲しいだけのものではなくなると思います。

これは相当先の、未来のお話ですが。

第九章

右脳さん、左脳さん。それぞれの攻防戦

オカン 本体さん、わたしはこう見えてド真面目な性格で、左脳中心の意識だったときも、そこにドハマりしていました。そして、そこから右脳へと意識が引っ越ししたあと、あまりの違いにほんとうにびっくりしたものです。まるで、ドロドロして冷たい沼の中でもがいていたのが、一気に飛んで、明るく暖かい草原の花々の間で、目が覚めたみたいでした。何かを行うのでも、沼の中でやるのと、明るい草原でやるのと、どんなに違うか、想像してみてください！

本体さん 左脳と意識は、そもそも相性が良くないのだ。わざとそう創られているのだから、仕方がない。君がそこで苦しんでいる間も、わたしは君の身体の細胞となり、精一杯健康を維持してきたものだよ。

オカン すべての人が、そうなんですよね。すべての生命が、大きなひとつの精神であるあなたによって、維持されている。でも、人間だけが左脳によって「わたし意識」として切り離されている。うーん、なんていうのかなぁ、これ、もう、修行ですよね。生きてるだけで滝に打たれてるみたいな感じですよ。

本体さん　今この時代は、いわば最終段階なのだ。社会と個人の相互作用が、最大級に働いている。もうすでに、エネルギーや情報という意味では、ノアの時代の大洪水と同じ状態だ。誰もが溺れている。押し流されている。左脳は長居する場所ではないのだ。

オカン　ときどき、街を行き交う人々を見ていて、みんなすごい勇気だなぁ、って涙が出てくるんですよ。この時代に生まれてきて、強制的に滝修行をやらされて、左脳を強化する刺激ばっかり浴びて。

本体さん　いいかね、君たちはダイヤモンドになろうとして、この時代を選んでいるのだ。あらゆる経験はやがて統合される。君たちはゴールを知っている。その輝きを覚えているから、望んでやってきて、けっしてあきらめない。そうした強い意志が、核にあるのだ。

悟るための条件

どんな人であれ、思考を止めて悟るために必要な条件は同じです。

それは脳の仕組みを、ざっくりでいいので理解してもらうことに尽きると思います。


仕組みがわかると、**「悪いのは自分じゃないんだ」**ということがわかります。無限に起こる自己反省や被害者感覚で思考がぐるぐるしなくてすむようになると、「なるほど。ここにあるものが悪いのか」「ここの回路を弱めて細くしていけばいいのか」とわかってくるからです。その理解によって悟りに向かってグーッと進む人が多いのです。

そしたら、自動思考を止める1ステップ目の「気づき」をすんなり体現していけます。


とはいえ、すぐに悟れる人とどうしても時間がかかってしまう人がいます。

過去に深いトラウマがあって、身体に不快感しかない方は時間がかかる場合があります。身体に意識を向けた途端に悲しみや無感覚、過去の記憶がブワーッと上がってくるので、すぐシャットアウトしたくなってしまうからです。

それでも今、オカンのまわりには、「この場合はどうしたらいい?」という方法論がたくさん蓄積されています。マイナス15くらいからのスタートにはなるかもしれませんが、それをゼロに近づけ、さらにプラスに持っていく方法が確立されてきているので、ご本人もどんどん楽になっていきながら、悟りに向かう流れができつつあります。

悟るまでの時間は、熱心度に比例する部分もあります。だから、「何となく面白そう」で始められた方は、日常生活でやるのを忘れてしまうこともあります。もちろん始める理由は何でもいいのですが、軽い気持ちで始めた人ほど、あえてしなくていいことをしている感が出てくるので、めんどくさくなるんですよね。その気持ち、すごく理解できますよ!

その点では苦しみをたくさん抱えた方のほうが一生懸命ワークをやってくださります。ゼロに行くまでは大変でも、その後、ものすごく早く悟る方も多いです。

はじめはつまらない。でもここで諦めないで!

はじめの段階では静かな刺激が続きます。

そこで、つまらなく感じるかもしれません。

でもそこで諦めないでください！

左脳さんによる言葉の刺激って、テレビがガンガンついているのと同じなんです。もしくはヘビメタのライブみたいな感じ。だからドンガシャドンガシャが気持ちよくなって離れられないわけなんです。

対して身体の声や直観、感覚は、ほとんど無音に近いものです。なので、最初はこれまでと同じように、「ああ良い考え！」とか、「ああそうだ、あれをやろう！」「それはすごくいい！」みたいに刺激の声が全部、大きく聞こえます。

そこから洞窟の中で耳を澄ますような、あるいは静かな風の音に耳を澄ますような感覚になるので、ほとんど何も聞こえないし、何が起きているかもわからないんです。

今までのドンガシャから急に、「何も聞こえなーい！」となると、とうぜん脳は刺激を欲します。「えっ、これであってるの⁉」「なんか間違ってる気がするー‼」という疑問の声が、〝刺激として〟たくさん出てきます。それを言ってくるのは左脳さんですね。

でも、少しずつ静かな刺激に慣れていくと、それまでは何にもない退屈な部屋だと思っていたのが、急に原色のジャングルみたいに鮮やかに見えてきて、あふれる生命感のようなものまで感じられるようになってきます。

ですから、もとの賑やかさに戻りたくなるのを、ぐっと我慢してください。

これが案外、大変なことなんです。

わからないことを、わからないまま残す

だから三脳研では、質問禁止です。ひとつ疑問が湧くと、無限に出てくるものだから。かわりに**「質問は全部、お腹に投げてください」**って言っています。

「これで合ってるの?」と聞かれても、その〝これで合ってるの?〟をつかんでお腹に入れてください。答えやその続きをぜったいに出そうとしないでください、って。

質問が出てくるのは自然なことです。でも、それらを全部お腹に投げていくことで、静かな時間を極力早くつかみ取れるようになります。

同時にこれは思考を動かさない練習にもなっています。思考から思考の答えを出す流れをいったん横に置いて、**「わからないまま、できるだけとどまる」**練習をしていく感じです。

現代では小学校時代から、わからないことをわからないまま、空白に残すことが許されなくなっているので、この状態に慣れていない方が非常に多いように思います。

疑問を埋めないというのが、最初はめっちゃ難しいです。

でも、それを積み重ねていくと、**「空間」**が広がります。

わたしが重要視しているのは「場」、つまり「空間」なんです。その空間に浮かぶのがコンテンツだとすると、通常、みんなはコンテンツばかりに目を奪われています。

たとえるなら「水槽の中の水と金魚」です。

水槽の水が「空間」で、コンテンツが「金魚」ですね。

どんなにきれいな金魚が泳いでいても、水のほうを見るクセをつけるのです。それから水槽を外側から抱きしめて、「中の水は温かいかな？　冷たいかな？　きれいかな？」と、水を感じようとします。金魚はいっさい無視するんですよ。

それが「場」や「空間」を感じる身体の捉え方に繋がっていきます。

悩みがある場合も、それが浮かんでいる「場」のほうに意識を向けてください。泳いでいる金魚はほっといて、その背景である「場」に意識を向けると、空間が少し広がった感じがするはずです。すると自分も「場」なんだとわかります。

すると、あら不思議。コンテンツって、あっという間に変わるんです。

悩みごとも苦しみも、そこに浮かんできては消えていく。あるいは別のものになるんです。それが、言うたらオカンの悟りの奥義と言える部分かもしれませんね。ドヤー。

コンテンツこそ不変だと捉えている人が多いと思いますが、じつは逆なんです。それは結局、過去や未来のものなので、現実には存在しません。ぜんぶ左脳さんのエネルギーでできています。だから、それがふわふわっとほどけるような感じです。確かにそんなこともあったかもしれないけれど、記憶が曖昧なものになって、思い出すこともなくなった頃、すべて解決していた、というようなことが起きるでしょう。

お腹で考える

頭で答えを出さない、お腹に投げ込む。

そうすると自分の責任がどんどん減っていくので楽しくなります。

「この問題を何とかしなきゃ」「あの人にきちんと言わなきゃ」とか、責任に関する思考にとらわれてばかりだったのが、「わたしは手放していくだけでいいんだ」「ただお腹に投げ込んで、あとはお任せすればいいんだ」とわかると、ほんとうに楽に、自由になるんですよ。お腹に投げて、お腹が出してくる答えを信頼できるようになれば、その先の段階である、**「お腹で思考する」**ことができるようになります。

ただし、小さい頃から「自分で考えて答えを出しなさい」と言われ続けてきた人にとっては、お腹の答えを信じられるまでに時間がかかります。機が熟すまでに時間がかかりますね。

すぐ言語化しない

三脳研の研究室ではいろんな方が体験談を書いてくださっています。そこによく出てくるのが、**「すぐ言語化しちゃう自分に気づいた」**ということです。

たとえば木が風にゆられてざわざわしているのを見たとき、「ああ、風強いな」ってすぐ言葉にしてしまうんです。それって日常であたりまえにやっていることではありませんか？でも、言葉にすることで、いろんなものが取りこぼされてしまいます。何を感じていたのかが認知されることなく、消えてしまうんです。

ここで登場するのが**「こしあん理論」**です。これは、三脳研の瞑想研究室長をされている枡田智さんが考案した理論です。枡田さんは初の著書『瞑想メソッドで始めるメンタル強化法　もう〝左脳〟に振り回されない』（大和出版）を出版された気鋭のマインドフルネストレーナーです。彼の「こしあん理論」を拝借して、ズバリ解説しましょう。

感覚の状態（つぶあん）の時点で言葉にせず、自分の中で練って練って練って、おいしい〝こしあん〟にして味わうというもの！

つまり、木がざわざわ揺れているのを言葉にせず、感覚のまま、ただずっと見ていくのです。すると、その感覚の中にすごくたくさんの情報があると気づけます。

誰かにひどいことを言われて、「うわー、あの人、嫌な人」って言った時点で、もっと感じるべきだったものを取り逃してしまう。だから、「言葉にしない」。

先ほどの「質問しないでお腹に投げる」こととも似ていますが、こしあん理論は、答えを聞くというよりも、身体の感覚と繋がり、味わうためのものです。

三脳研の研究員さんたちを見ていると、自動思考に気づくにつれて、「どうもわたしはいろんなものを感じている」「けど、すぐ言葉にすることでせっかくの感覚を失っているぞ！」

と気づく段階があるようです。そして、それに気づくことで感覚というものにどんどん繊細になって、「すぐ言語化しない」方向に向かっていくみたいです。

もちろん言語化するときもあります。その時は自分の中でこしあんになるまでじゅうぶんに練って練って、それから最後に言葉にして共有してくださいます。だからみんなでつくり上げていくような感じで、味わいがあるんです。

学校では、子どもたちに言葉で知識を教えますし、大人になっても言葉で評価されたり、自己表現になる場合が多いのも事実です。だからこそ、**「あえて言語化しない」**ってこと自体が、ものすごく新鮮に感じるかもしれませんね。

つぶあんの投げ合い

X（旧ツイッター）などで繰り広げられる言葉の応酬や論戦、炎上を見ていると、まさに「つぶあん」が山のように積み上がっていると感じることがあります。もちろん有意義なやりとりや、素晴らしいムーブメントの発端になることも多々あります。

だから、否定したいわけじゃないんです。オカンもやってるし。

でも、言葉〝**だけ**〟に頼りすぎると、大事なものが落っこちてしまうことがあります。

人と人とのコミュニケーションから感覚が失われてしまうんです。

「楽しかったです」「面白かったです」といった好意的なコメントにさえ、「つぶあん現象」はあって、相対化して価値が切り崩されていくようなこともあります。その人は、ほんとうにいいと思ってコメントしているのに、です。

いいものや新しいものがあると、まるでそれを分解するように言葉がどんどんよってくるみたいなところがある気がします。ある意味ホメオスタシス（恒常性）みたいなもので、左脳さん的に「これは新しすぎるから、まだあってはならない」という働きかもしれません。

でも、しばらくたつとそれがあたりまえになって、周囲の認識も変わって、よりハイレベルなやりとりになったりすることもあります。そういった一連の流れが言葉の面白さでもありますけどね。いずれにせよ、これは悟りを目指そうとする側の視点から見た、SNSにおける言葉の一面です。

オカンがSNSで発信する理由

「急いで右脳に戻れ！」とか言いながら、オカンの発信の場はX、インスタグラムなどのSNS、YouTube、オンラインサロンだったりもします。そこで発信して、本まで出すようになったわけなんですが、どう見たって左脳優位な現場じゃないですか。

言葉がコミュニケーションの中心になっている場で、「無意識と繋がっていこうぜ！」ってやってるオカンは、やっぱりすごい異質だと思うんですよね。自分でもそう思います。

矛盾するようですが、そこにはシンプルな理由があります。

古い悟りの世界はもうすでにできあがっていて、言い尽くされている言葉があります。そこで今さらわたしなんかが何を言っても……という気がしたんです。

また、今はお釈迦様が説法を解かれていた時代とは比べ物にならないくらい、左脳の過剰さが進んでいます。昔だったら「こういうふうに考えるんだよ」「こうやって世界を捉えるんだよ」と言葉で伝えて、言葉から体感へと自分の中で変換していきました。


ところが今、同じようにやろうとしてもできないと思うんです。


言葉に慣れすぎて、先人の言葉よりも自分たちの言葉のほうが先に行っちゃうから、先人の言葉のほうが追いつけないんです。また、身体の感覚と切れてしまっているため、言葉から悟りの状態に入っていくのはもう無理なんじゃないかとも思います。

なので強制的に考えを止めて、強制的に身体に意識を向けるという、かなり直接的なワークで、しかも2か月から1年くらいの短期間で一気にそっちに向ける方法が、今の時代では一番効果的なのかなと考えたわけです。

今を生きる若い人からお年寄りまで、日常で生々しく伝わる言葉を探して、つくって、発信していける場がインターネットの世界でした。

より多くの人に伝わることが大事だと思っていて、千人より一万人、一万人より十万人、十万人より百万人に伝われば、少しずつ時代が変わるような気がします。

新時代の言葉のやり取りになっていくとしたら、それは〝感覚を取り戻したコミュニケーション〟になると思います。今とはまったく違うものになって、すごく新しい感じで生きられるはずです。

悟った後は一度言葉にしてしまっても、すぐ感覚に戻ることができます。「さっきはたくさん取りこぼしちゃったな」っていうのもわかります。理想は4割で外を見ながら、6割は身体の内側へ意識を向けている、というのがちょうどいいバランスかなと思っています。

左脳さんの逆襲にそなえる

あなたが実際にワークに取り組んで、思考を止めようと動き始めたら、思考も負けじと動きを活発化させてきます。これを**「左脳さんの逆襲」**と呼んでいます。逆に思考のボリュームが上がって、いつもなら気にならないようなことまで気になったり、腹が立ったり、悲しくなったり、感情的に揺り動かされる感覚が湧いてきます。

「なんだよ、こんなワーク、ばかばかしい！」って冷ややかな気持ちになったりもします。個々を試すかのように、しんどい出来事が起きることもあります。

逆襲は、悟りに向かういろんな段階でやってきます。「自分にはまだなさそう」と思っている人も、どこかの時点で必ず起きると想定しておくのがいいでしょう。

すきあらばって感じで何かしらの現実が動きます。

しかも左脳さんはあなたの弱点を誰よりも心得ているんですから、強敵です。

たとえば、一番会いたくない人に会ってしまう。言われたくないこと言われる。人間関係でごたごたする。泣きたくなるような夜を送り込まれる、みたいなことが起こりうるんですけれど……。

それらはぜんぶ、左脳さんが自己存在の危機を感じて反応している証拠！

「左脳さん、ビビってるぅ！」と思って、思考に乗らないようにうまくかわすことが大切です。かわし方は前著にくわしく書きましたが、まずは逆襲が来ていることに気づくこと。**あなたの一番弱いところをついてくるのが逆襲のサインです。**だから自分にどんな弱点があるのか、またどんな思考が暴走しやすくなるのか、自分なりのクセをつかんでおくことが大切です。

起こった感情に対して、主語を外すことも有効です。
「あいつ、なんであんなひどいことするんだよ！」と腹が立ったら、
「どうも腹の立つ感覚のものがあるな」と言います。
「わたし、悲しい」と思ったら、
「へえ、今日ってこんな感じの悲しい感情があるな」です。

それでも、現実のドタバタで思考の大嵐が起こってしまったら、左脳さんに向かって、「わ

かった。でも黙っていなさい」と命令してください。

それから左脳さんに「愛しています。愛しています」と唱えさせてください。

その言葉が雪のように、身体の内側に降るのを見ていてください。

左脳さんに、それ以外の言葉を発するのを禁じてください。

違うことを話し出したら、また左脳さんに命じて、すぐ愛を降らせる作業に戻らせます。

逆襲は悟るためのビッグチャンス

ピンチこそチャンスでもあります。

左脳さんのぐるぐる思考が勢いよく回ってるときに、思考回路の「分岐」をつくってしまうのが一番有効なんです。だから、左脳さんの逆襲は悟るためのビッグチャンス到来でもあります。そのタイミングでうまく分岐ができれば、同じところには戻らなくなりますから。

ここで視点を変えて、ちょっと長いスパンでの変化も見てみましょう。

左脳思考で過ごしていた長い年月、誰にでもストレス物質で傷ついた神経というものがあります。神経と繋がった状態で数か月〜1年くらい過ごしていると、今度はその傷ついた神経が復活して、より細胞の声が聞こえるようになっていくという変化が起こるんです。

神経は修復されることで、より強くなるんです。

だから左脳さんの逆襲をひとつひとつ乗り越えることによって、悟りが一歩も二歩も進むことになるんです。その人の段階によって逆襲に対する反応の仕方も変わっていくので、レベルが上がるほど必然的に経験値も増え、軽やかに受け流していけるようになりますよ。

だから、せっかくいいところまで進んでいるのに、左脳さんの逆襲で引き戻されてしまわないようにグッと踏ん張ってくださいね。何かをひどく恐れているときこそ、あなたの悟りへの鍵が隠れている場合が多いのですから。

「自動思考に気づく」ことや「エレベーターの呼吸」などの基本のワークに加えると圧倒的にいいのが、ジョギングです。初期段階で左脳さんの逆襲が起こったときにも、ジョギングをすると悟りがめちゃくちゃ早まることがわかってきています。

ジョギングが難しい人は散歩でもいいですよ。

おそらく酸素量というのが、悟りへの重要なファクターになっていると考えています。

脳の神経回路と身体の神経には深い繋がりがあり、その繋がりのために運動による血中酸素量の増加が重要な働きをするんです。

血液中の酸素量が増えると、凍りついた細胞が生き返ります。

これは宅配のバイトをしていたとき、「酸素が回った状態が特別なんだ！」と感じたことが出発点になっています。なにせ身体を毎日、とんでもなく動かしていたときに、はじめて明確に右脳さんの声を聞いたんですから。

おそらく40年以上やっていなかった運動を急にやることになったので、猛烈にそうなったんだと思います。その前から直観自体は浮かんでいましたが、右脳さんの声を聞いてから、よりダイレクトにいろいろなことを教わるようになりました。

同時に「呼吸」を自分の中で理解できて、うまく実践できるようになってしばらくしたとき、ガチャン！と意識変容の日が来たという成り行きでした。

身体とのコミュニケーションを磨く

若い頃、心身症でセラピストにかかっていたとき、よく指摘されたのが「呼吸を止めてるよ」ってことでした。一定以上身体に酸素が回らないようにしているかのように、自分で呼吸を止める癖があったんですね。それをずっと指摘されていました。

宅配便の仕事ってつねに駆け足なんです。その状態でめちゃくちゃ重たい台車を押しているわけで、止まったらすぐ荷物を持って団地の階段を駆け上がるみたいな一連の動きの中で、どんどん自分の身体に敏感になってきました。

何ていうかもう、プロになっていくんです。身体のプロ。

真夏の日なんかはヘタしたら熱中症になる。ここまでいったら動けなくなる、ということが何となく感覚でわかるんです。階段でも5階まで一気に駆け上がると、お客さんの前で息絶え絶えになって喋れなくなります。脈拍がこのへんまで上がったらいったん止まって、そしたらこのあたりまで下がるだろう、というのがわかるんですよ。だからお客さんの前でハァハァしないようにできる、そんなふうに経験で身体のコントロール力が上がっていくんです。そういった自分と身体のコミュニケーションが強固になり、同時に磨かれていくようなバイト生活でした。だからガチャンと意識が変わった瞬間、「あの呼吸と酸素のおかげかな」みたいな認識はすでにあったんですね。

これは運動に縁のない人生を送ってきたオカンの極端なエピソードですが。

ほんらい、大昔の人間ならあたりまえにやっていたことだと思います。

つまり右脳の時代、狩猟時代などはずっと山の中を走り回っていたので、血流も脈拍も、今よりも高いところで一定に保たれていたと思うんです。言うたらそれを再現していたような感じかな、と思ってます。**自分の身体と繋がった状態に戻った**ということです。

もしかすると、左脳優位な状態は、身体をさほど動かさずに、糖分をたくさん取って、脳をガンガン回してより肥大化、過剰化していくように仕組まれているのかもしれません。

そこから意識を右脳側に持っていこうとするなら、身体を動かす方向で栄養をガンガン消費して、左脳さん側に行かないようにする必要があるんです。そこに血中酸素量や心拍数を一定以上に保つ、ある程度の〝**時間**〟が関係してくるのかなという気がします。

散歩やボディータッチでもOK

オカンだけでなく、呼吸が苦手で深く吸えない方って多いですね。

だから三脳研では呼吸のワークとして「いま・ここの呼吸」だったり「エレベーターの呼吸」を用意しています。それが難しい人は深呼吸でもいいし、それもできなかったら「呼吸を意識しなくてもいいですよ」っていう感じにしています。

そういう方は近所のコンビニとかスーパーまでの軽い散歩でもいいですよ。

散歩をして気分が良くなり、気分が良くなっている時間が長くなると、今度は身体が緩んできて、いつの間にか呼吸も深くできるようになったりします。で、歩くのが癖になると、ちょっと軽く走ろうかなみたいな気持ちが自然と出てくるものなんです。

「あれもできない」「あれもできないこれもできない」って悩むくらいなら、お散歩してもらったほうが先に進めますよ。あとは、スロージョグという、ほんとうにゆっくり走ることを習慣にできた方はめちゃくちゃ悟るのが早かったです。

あとはボディータッチもよくおすすめしています。

うちの運動研究室長・韮澤烈さんがよくやってくださるのは、手の甲を触ることです。触っている側の手と、触られている側の手を交互に感じてみてください。両手を行ったり来たりするだけでも、意識は身体に向いているので、結構思考が止まるんですよ。そのときは何も考えてないはずです。

自分に合うやり方でかまわないので、〝**とにかく必死で身体を感じようとする**〟、そういう時間を増やすといいんです。

第十章

これからの生き方

——楽しい、おもろい、死ぬまで幸せ

オカン　本体さん、これを読んでいる方々も、混乱してきているんじゃないでしょうか。つまり、本体さんって何者なの？　わたしたち人間って、何者なの？　って部分です。

本体さん　君たち人間の意識は、わたしが切り出されたものでできている。わたしは「海」で、君たちはそこからパシャンと跳ねた「一滴の水滴」だ。それはしばらくの間、自分が海であったことを忘れ、空を見、海を見下ろす。そして、「海を忘れた水滴」という体験を、誇らしげに持ち帰るだろう。海はそのことをとても喜ぶので、君はまた、飛び上がりたいと思うのだ。

オカン　その空中での忘却体験が、人生というわけですね。永遠からすれば、人生が90年でも一瞬のことなのでしょうね。そうして何億という水滴がはねて、この肉体を生き、この社会を生きています。そして、人類は、意識が左脳にとらわれて、苦しんでいます。あなたの言う、この地球という夢の中で。

本体さん　そのフェイズが変わろうとしている。左脳の時代は終わろうとしている。勇気ある水滴たちは、この夢の中で変化を起こし、この夢をさらに先に進めるために、あらゆる場所で動いているよ。君もそうだろう。

オカン　やだっ。そんなに褒めないでくださいよ。お尻がむずがゆくなりましたよ。えー、でも、来るのかなぁ、右脳の時代。そうなったら、ほんとうにラクで、豊かで、面白くなると思うんですよね。

本体さん　もちろん、来るとも。

これからの方向性

最後の章では、これから先の未来についてお話ししたいと思います。

はじまりはちょっとダークな世界観をお見せすることになるのですが、最後には希望を持てるような展開になっています。なので、つらくならずに読んでいただけたら幸いです。準備はよろしいですか? あの、途中、かなり突飛な未来像も出てきますけど。

ではお話ししましょう。

このまま左脳過剰が進んだ場合、生命エネルギーからの距離が遠すぎて、力強い生命の働きが失われていくんじゃないかと思います。人類全体の生命活力のなさみたいなものが顕著に表れるんです。それは文化や文明、経済にも影響します。

そのことを強く感じるのは、かつて一気に建てられた巨大な団地群です。

ひと昔前だったらすぐ取り壊して新しい建物を建てていたのに、今はもう取り壊しする体力もなくなって、廃墟となって残っているところがいっぱいありますよね。あたり一帯、誰も人が住まなくなっているようなところもあります。

これは経済の面でも、
人間の生命エネルギーがなくなっているんだと思うんです。

一時的にはブワーッと発展してきたものが、人間の活力ごと失われる方向へ進んでいくでしょう。だから、みんな自分を安定させるので必死です。余剰の力なんてないので、社会を良くする方向に意識を向けるなんてことができなくなっていきます。

なので、このまま進んでいくと社会そのものの活力はかなり衰えていきます。

左脳さんにとっても、じつはやばい状況です。

会社でも、出社できなくなってしまった人の対処に追われて、通常業務が滞るみたいな現象もいたるところで起きています。社会の中で生きることに苦しみ、社会を支えることができなくなる人が増えていき、そこで置き去りになっていく……。

シーン……。

あの、言っておきますが、みんなを脅したり、怖がらせたいわけじゃないですよ。

閑話休題。ここからは希望のお話です。

そう、苦しい人たちが右脳に回帰して、意識を個体から全体性に広げることができるようになるはずです。再び生命活力を取り戻し、個人という自分のあり方を超えて、もっと大きな世界や種のことを考えられるようになるのです。そして今とは別なかたちで、新しい文明、文化、時代というものをつくっていく――。

ビルは山に、道路下では作物を収穫

そのとき、たとえばビルは山に似るんじゃないかなと思います。

つまり、今の四角いビルではなく、動物がその上を渡って越えられるような、なだらかなかたちで、草木もたくさん生えています。車は空中にある透明な道路を走ります。その下の地面には植物が植えられていて、作物を収穫できます。

自然が排斥され、遠ざけられていくのではなく、社会が自然と融和し、お互いに助け合って暮らせるような文明ができていくんじゃないかなと感じるんです。

技術はスーパー左脳さんともいえるＡＩとともに開発され、さらに発展していくでしょう。

でもそれは自然から遠ざかる方法ではなく、自然の中に戻っていくための技術です。だからそのために一度、都市文化ごと自然の中へ帰っていく必要があります。

そして、最終的にはみんな曲線的になっていくんじゃないかしら、なんてね。

右脳さんって曲線が好きなんですよ。日本の神道でも鏡餅をかざったり、神さまは丸いものが好きって言いますよね。そういう感じです。ちなみに左脳さんは直線とか直角とかが好きです。未来は曲線的！　これはかなり自信のあるオカンの未来予想です。

スマホを持った縄文人

そこで暮らす人はどんな暮らしをしているでしょうか？

確実なのは、
すごく幸せそうに笑って
楽しんでいるということです。

自分の内側――神経や細胞と繋がっていくと、絶対にお役目というものがあるんです。その方の本体さんが「お前、これやれ」って言ってくる声が聞こえるようになって、社会でその人がやるべきことが見つかって、同時にいろんな方々も同じように準備されている……というネットワークの中に引っ張られていきます。

内側にとどまるのではなく、未来はもりもり発展していく系なんです。

オカンとしては絶対そっちだと思ってますし、本体さんも「そっちに行けよ」って言ってますね。「やってほしいこと、いっぱいあるみたいよー」って。

「なるほど、このためにわたしは、今までこんな人生を歩んできたのか」と納得できて、それが全部役に立つように準備されていきます。そして、「これがわたしのやることか。人のためになってうれしいな」という方向に行くんです。

わたしのイメージでは、スマホを持った縄文人です。

右脳ってやっぱり縄文の頃の脳だから、所属感が好きなんです。左脳は個人なので「わたしが、わたしが」になっちゃうんですけど、右脳は、**「わたしはこの人たちを助けて、この人たちとともに生きる」**というような方向です。

土着で地面と繋がって、所属する何かがあって、そこで他の人のために働けば、年をとって身体があまり動かなくなっても、コミュニティの中で役割があれば幸せだと思うんですよ。この先いろんなことができなくなったときに「孤独だったらどうしよう」って、年齢を重ねてくるとオカンもやっぱり思うんですね。でも「このコミュニティに所属している」「この人たちとともに生きている」「みんなの中の一部である」という感覚があれば、100歳を超えても、そして最後まで、みんな幸せに生きられるんじゃないかなって思います。

それがどんなコミュニティかはわかりませんが、テクノロジーをつかって、インターネットをさらに広めたような、同じ地域には住んでいないけれどもひとつのグループとか、一族みたいな感覚を持つこともあるかもしれないです。世界中に仲間がいて、ひとつのところに属しているようなことだって当然あると思います。

息を吹き返す小さなコミュニティ

同時に、手が届く範囲のコミュニティっていうのもすごく大事です。だから大きなコミュニティとは別にもうひとつ、町内会みたいなものをもっと自由に発展させて支え合う、小さな地域コミュニティもできるんじゃないかと思います。

町内会っていうと古臭いとかめんどくさいとか、ちょっとネガティブなイメージがあると思いますが、きちんと楽しく機能していれば最高だと思いませんか?

オカンは町内会でも子ども会でも活動していたので、余計にそう思うのかもしれません。そういった場所で必要なことは全部できるし、やっぱり直接顔を合わせる身近なコミュニティっていうのは必要なんじゃないかなと思っています。

今は働いているお母さんが多いので、日中、住宅街には誰もいない家ばかりが並んでいます。家にいるのは高齢者だけなので、その人たちが形骸化した町内会を維持するしかないのですが、これはもう社会のかたちとしてそうなってしまったからなんですよね。

ＰＴＡや子ども会も同じような具合で、今はどこにも余裕がないんだと思います。でも、こういった古くからあるコミュニティが新しい役割を得て、息を吹き返していくことがありえると思っています。

本体さんが教える「人間が存在する理由」

オカンは前向き一辺倒というわけではなく、ときどき本体さんに**「なんで人間がおるんですか？」**とか、**「もう人類ってダメなんですか？」**なんて聞くことがあるんです。

本体さんは「そうじゃないよ」って言います。

「君たち人間が直立歩行になって、両手が使えるようになって、脳が発達し、道具を使い、そして文明社会というものをつくった。つまり、石ころを掘り出して、そこから鉄を取り出して、溶かして固める、なんてことができるようになったのは、神さまがこれまで身体の内側、細胞の中で、DNAというプログラムを使ってしか発達させられなかったものを、外側の世界で直接やれるようになるためなんだよ」って。

つまりわたしたち人間は、神さまバージョン2・0みたいな感じなんです！

神さまは何百万年もかけて、亀をつくりました。ＤＮＡを使い、背と腹両方の骨を広げて、気の遠くなるような時間をかけて、今の亀の固い甲羅をつくったのです。

その発展形が、わたしたち人間のつくっている固くて安全な家だ、って本体さんは言うんです。

メスを持って、麻酔を使って、病んだところを直接治すことができるお医者さんは、免疫細胞の続きです。神さまは免疫細胞を何十万年とか何百万年単位という時間をかけて、少しずつ発達させてきました。

それをわたしたちは、外の世界で、〝手〟を使ってできるようになったんです。

本体さんは、「今、自分たちの左脳を使い、知識を使って外の世界で直接やれること、その両手でじっさいに世界の中で物を掴み、何かを変えられるということは、それ自体が神さまの続きなんだよ」と教えてくれました。

人間は「見てください神さま、僕たちこんな大きなものをつくれるようになりました！」って言って、立派なビルをつくっています。「見て見て！　こんな大きな船で海を渡れるようになりました」「こんな大きな飛行機を飛ばせるようになりました」って。

それは、神さまが「人間、やってみやってみ」「自分のやりたいようにやってみ」って言って、面白がってくれるからです。だから、わたしたちというこの意識は、神さまに見てもらうために心から楽しんで、遊んでいる子どもの神さまなんです。

本体さんはさらにこう続けました。

「君たちは両手を使い始めたばかりの幼い神さまで、まだ遊んでいるだけ。でも、この地球で自分たちの立ち位置をちゃんと見つけたら、自分の村のためにお米をつくるような感覚で、『この地球のために、この技術を活かせる！』って急にキラキラしはじめて、それが生きる意味になり、集団の意味になり、そのときはじめて自分たち人間は〝ああ、これでいいんだ〟と思えるようになるよ」

それって、ちょうど**わたしたちが悟りの中でやろうとしていることと同じ**ではないですか？　個々に「苦しい、苦しい。わたしなんかダメだ」と言っていたのが、「ああ、わたし、これでいいんだ」って思えるようになるのと同じことですよね。

それが、今度は人類全体で起きるんだそうです。

神さまはわたしたちのこの手を使ってたぶん、地球のバランスとかそういうのに着手したいんだと思います。だって、とうとう人間がそれをできるようになったから。左脳優位になったことでできるようになったから、これから苦しいことはＡＩにぜんぶまかせて、みんな右脳のほうで、幸せな気持ちで、幸せな世界をつくろうよって言っている気がします。

人間を否定しない「電信柱は自然です」

その先では、あらゆる技術が〝非エコ〟とか言われたりせず、〝エコ最前線〟になります。オカンはエコって言葉が苦手なんですけど、おのずと「自然vs.人間社会」みたいな構図をつくり出してしまって、人間の存在を否定する側面がある気がするからです。自然から自分たちをはみ出させて、相対するものにしてしまっていますよね。そうするとやっぱり、深いところでの自己否定に繋がり、個人の中での苦しみにも繋がってしまう。かなり根っこにあるつらさの原因なんじゃないかとさえ思うんです。

しかも今は、自分が食べているものがどこの国でつくられたのかもわからない。自分の家がどこの部材でつくられたのかもわからないほど複雑になっていて、意識だけではもう追えなくなっています。そんななかダメなものに包まれて、ダメな活動をしながら、存在として自然の敵とされる自分って悲しいじゃないですか。

エコの観点から考えたら、人間なんかいなくなっちゃったほうがいいんじゃないかって思っちゃいますよね。自分の思考じゃなく、そういう、ちっちゃなことから感じる罪悪感の影響がはかり知れない気がします。でも、**「それはちゃうんやー！」**っていうのを、うちの本体さんはすごい一生懸命、しかも何度も何度も言ってくるんです。

「違う違う！　君らははじめてDNAじゃなく、両手で外の世界に作用を及ぼせるようになって、それをどんどん使えるものとして高めるように遊んでいる神さまなんだ」

「必ずその技術がぜんぶ役に立つ日が来るから、今やっていることを否定するな、楽しめ！」って。

自分を否定しないだけじゃなくて、今の時代そのもの、技術も含めて、ぜーんぶ否定しなくていいんです。

「地球さんごめんなさい」「自分たちが全部悪いんです」って思わなくていい。

その象徴としてわたしは「電信柱は自然です」っていうのをいつも言っています。

それは、人間が自然だから。電信柱が自然じゃないってことは、自分は自然じゃないって言ってるのと同じなんですよね。だからつらいんですよ。

「こんなもの、なければいいのに」って電信柱に対して思うと、それは自分に対しても「いなきゃいいのに」って思っているのと同じです。だからその意識を大きく変えるために「いいえ、わたしたちは神さまの赤ちゃんです。だから電信柱は自然です」って言うんです。

この意識転換ができると、すごく明るい感じがしてきます。

今、この世にある、あらゆる企業、あらゆる団体、あらゆる個人が、研究したり、開発したりしていることにはぜんぶ意味がある。ただ途中なだけ。

だから、この段階でジャッジしちゃいけないと思うんです。

人間を否定しない。人間にはぜったいに未来がある。

これがわたしの未来像の基礎になっています。
そして究極の未来像がこれです。

ビルが山のようになり、道路は透明になって畑の上を走り、食べ物は必要じゅうぶんにあり、人間も生き物たちの数も、そのバランスが見事にコントロールされてうまくまわるようになったとき、新たな進化のようなものが人類だけじゃなく、**〝地球全体でも〟**起きるんじゃないか、というものです。地球が経験したことのない次の段階です。

かなり突拍子もないように思えるかもしれませんが、こんなビジョンがずっと来ているんです。でも、こんな未来だったら、子どもたちにも「生きてくれ」「どんどん技術を発展させて、この先を生きてくれ」って思えるでしょう？
「こんな時代に生んでごめんなさい」なんて感覚を抱えていらっしゃる方もけっこう多いと思います。だから、親御さんたちにも、そのお子さんたちにも言いたいんです。

「すごい素敵な未来があるよー」って！

現代の苦しさの中には、どうにもできない罪悪感に囲まれて、いつの間にか心が蝕まれていっている部分がじつは多い気がします。そこを変えたいし、その先の未来は、究極に明るい未来を主張したいと思っているんです。

自分たちは今も大丈夫だし、これからはもっと良くなっていきます。何をやっていても心が明るくて幸せで、その上昇気流でまわりの人も幸せになって、物事がいいように変わっていく、そんなイメージを大勢の人に持ってもらいたいですね。

だからぜひ立ち止まって、ちょっとだけ先祖返りしてみませんか？
その先は、素敵な未来と繋がっています。

脳から悟りを考えていくと、違う未来があり得るという可能性だけでも知っていただけたら幸いです。その頃、オカンは生きていないかもしれませんけど、ほんとは見てみたいと思うんですよね、山みたいなビル。

エピローグ

オカン　本体さん、ねえねえねえねえ、最後にぜひ、あなたに聞きたいんです。わたしたち人間の意識がダイヤモンドになるっておっしゃいましたよね。ずっとずっと未来に、そうなったとき、何が起こるんでしょう。

本体さん　それは至って簡単だ。君たちは、もうひとつの海になるのだよ。つまりは、世界を創造する神になるんだ。

オカン　あなたという海から、パシャンと舞い上がった一滴の水滴たちが、その経験を持ち寄って、やがて統合されてもうひとつの海になる。

本体さん　そうだ。わたしもまた、さらに大きな意識の、指先のようなもの。その指をもう一本増やすことに夢中になっている、この夢の主だ。世界というのは、壮大な遊びなのだよ。おおもとの海が永遠であることを思い出せば、肉体は一瞬の輝きと捉えることができよう。深刻にならず、ただ、身体に耳を傾けて、わたしとともにあれば良い。

オカン　じゃあ、少なくともこの夢では、皆が左脳から右脳へと、お引っ越しできることを目指したいですね。そして、人類は進化するんだと、伝えていきたい。

本体さん　ああ、もちろん、そうなる。

おわりに

わたしにとって、5冊目の著書となるこの本では、意識変容の背景となる「世界」についで述べてみたいと思いました。右脳の意識で生きる中で見えてくるもの、時代の変化、教育、生き方から、人類の進化まで。

不思議なことに、意識が「いま・ここ」に集中すればするほど、逆にスケールの大きな流れが見えてきます。それは客観的に見た時代の流れというよりは、自分自身もその中に含む、巨大な精神存在の見ている夢のように感じられます。

「いま・ここ」の中には、壮大な計画への接続点があるんです。

そんな内容を、思う存分、自由に表現してみましたが、もしかしたら、奇妙で、ついていけない部分もあったかもしれません。

それでも、苦しいこの時代に、少しでも何かヒントになれば良いなと思っています。

8年前は、突然右脳に意識が引っ越しして、ただびっくりしていました。そこから、1年ごとに感覚が変化していきました。今はもう、わたしという個人意識と、巨大な意識である本体さんとの境目が、わからなくなってきています。身体をはみ出すほどの大きな意識が、24時間抱きしめてくれている感じです。愛されている赤ちゃんみたいに、抱きしめられているんです。

先日、飛行機に乗った際、窓がまったく見えない座席だったんです。それでつまらなくて、ムッスリ不満げに座っていました。ところが、そのとき前の座席の背もたれについた液晶画面の映像が終わって、画面が真っ暗になって、鏡のように自分の顔がそこに映ったんです。びっくりしました。わたし、楽しげに微笑んでいたんです。いや、誰⁉ そのとき感じました。

本体さんじゃん！

ありゃまあ、本体さんがわたしの外見にまで進出してきているぞ！

そして、そんな状態のままで、仕事に追われ、締め切りに追われ、講演で全国を駆け巡る人生を、楽しんでいます。なんだかほんとうに面白い人生です。

こんなオカンがいるのですから、あなたにもやってきますよ。

あなたにも、面白くて、優しくやわらかい、幸せな右脳ライフがおとずれますように。

２０２４年12月　ネドじゅん

エレベーターの呼吸

この呼吸は、実際にオカンの思考を消すことができた呼吸法です。やり方は簡単ですが、腕立て伏せを1回しただけでムキムキにはならないように、1回やったらいきなり思考が消えるなんてことはありません。この呼吸で思考の回路に刺激が流れるのを一時的に止め、その繰り返しによって、いずれ思考の回路からスイッチが切り替わる、というものだから。言ってみれば脳神経回路の筋トレです！

だから毎日くり返すことで、だんだんと鍛えられていきますよ。

❶深呼吸をする

まずは深呼吸をします。自然なゆっくりとした呼吸です。無理はしないで大丈夫。難しい顔をやめて、できれば少しほほえんで、明るく楽しい気持ちで行うことが大切です。

❷エレベーターの床をイメージする

深呼吸とともに、お腹の中を、「エレベーターの丸い床」が上下するところをイメージします。床の材質は何でもいいので、自然に思い浮かべられるもので行ってください。

この床は、のどのあたり（首の内側）からお腹の底（骨盤あたり）まで続きます。はじめはペットボトルの蓋くらいの大きさで、下に行くにつれ、お腹の大きさに合わせて大きくなります。エレベーターが動くとき、お腹の中は空間になっており、内臓はないものとします。そこを床がすり抜けて動くイメージです。

吸う息に合わせ、のどのあたりから胸、みぞおち、お腹の底へと、スーッと下がっていきます。そして、お腹の底に着地して止まります。今度は吐く息に合わせ、お腹の底からみぞおち、胸、首の内側へと上がっていきます。

※反対に「吸いながら床を上げ、吐きながら下げる」でも、どちらでもいいです。

❸ ①と②を繰り返す

床の周囲でお腹の内側の壁をズリズリとこするイメージで行いましょう。これによって集中力を高め、自律神経をマッサージする感じで刺激することができます。呼吸に合わせて行うため、エレベーターの床は想像より速いスピードで動くことになると思います。ズリズリと下がり、ズリズリと上がる。これだけです。この呼吸をしばらく練習してみてください。目を閉じて行ってもいいでしょう。

●コツ

大切なのは、お腹の中を〝感じる〟ことです。お腹の内側の壁をズリズリこすっているところをリアルにイメージすることで、意識が身体の内側に向きやすくなります。回数に制限はありません。仕事や家事、勉強の合間に、できるだけ多く行うと、過剰な思考が収まりやすくなります。過呼吸になりやすい方はがんばりすぎないようにご注意ください。

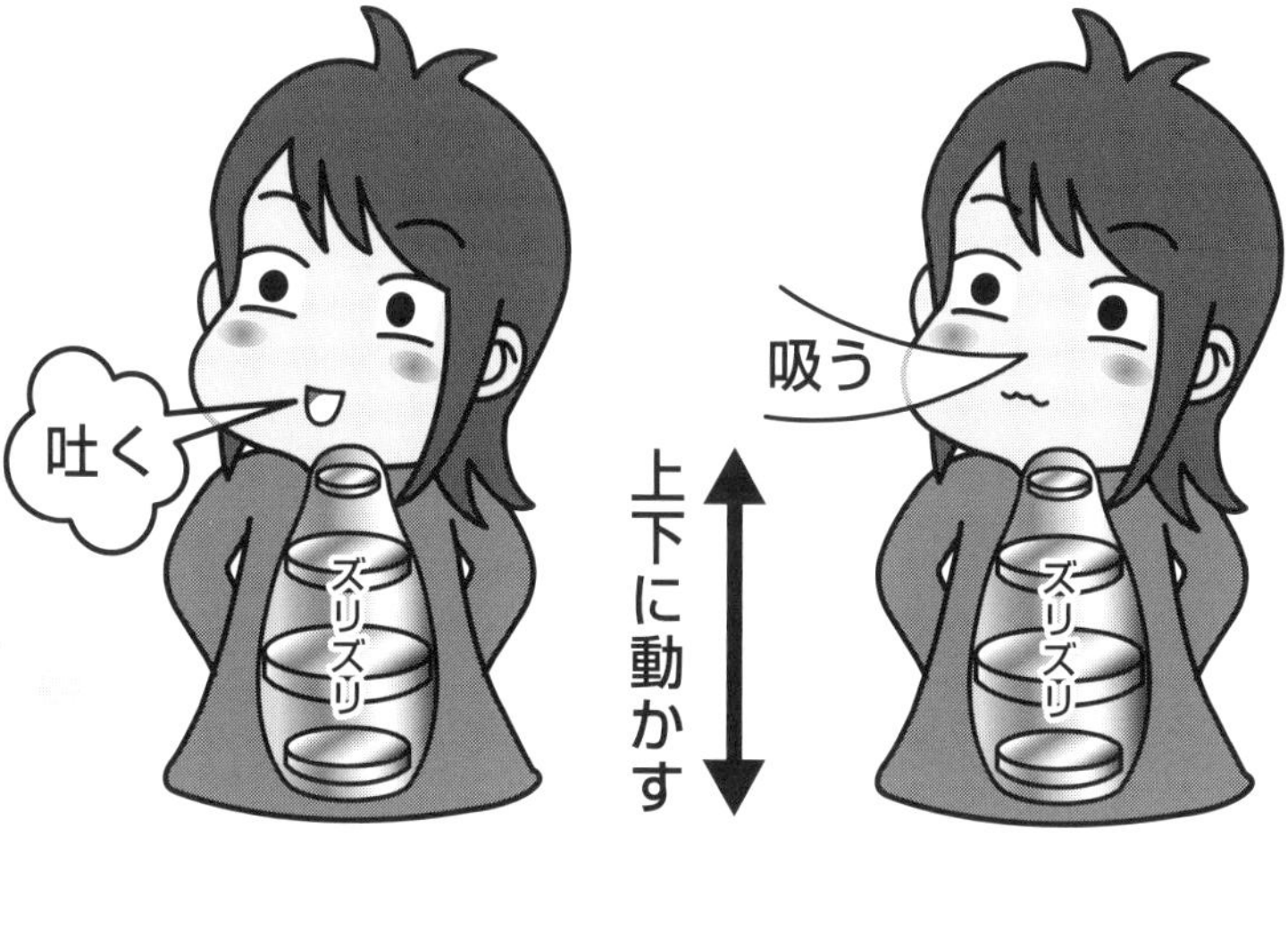
吐く
ズリズリ
上下に動かす
吸う
ズリズリ

ネドじゅん

脳と意識を自己探求しているオカン
三脳バランス研究所所長

大阪出身、昭和40年代生まれのオカン。「悟りを体感すること」を目的にした瞑想・心理・非二元思考・運動などを通じて意識を変容してゆく「三脳バランス研究所」の所長。ある日、突然、脳内から思考の声が消え、意識の変容が起こる。以降、右脳ベースの意識状態となり、直観や「つながり合う大きな無意識」からの情報を受け取りながら、意識変容の方法論をYouTubeやオンラインサロン、セミナーなどで発信中。著書に『左脳さん、右脳さん。あなたにも体感できる意識変容の5ステップ』（ナチュラルスピリット）、『ネドじゅん式 意識変容 しあわせ右脳で悟リズム』『2025 ネドじゅん しあわせ右脳手帳』（永岡書店）、『2か月で人生が変わる 右脳革命』（KADOKAWA）がある。

▶公式サイト
https://nedojun.hp.peraichi.com/

▶三脳バランス研究所（DMMオンラインサロン）
https://lounge.dmm.com/detail/4845/

▶YouTube
https://www.youtube.com/@ネドじゅんの三脳バランス研究所/featured

▶X（旧Twitter）
https://x.com/nedojun3nou/

▶note
https://note.com/nedo_jun

右脳シフトで人類は進化する

2025年1月７日　第一版　第一刷
2025年1月24日　　　　　第二刷

著　　　者　ネドじゅん

発　行　人　西 宏祐
発　行　所　株式会社ビオ・マガジン
〒141-0031　東京都品川区西五反田8-11-21
五反田TRビル1F
TEL:03-5436-9204　FAX:03-5436-9209
https://www.biomagazine.jp/

編　　　集　野本 千尋
編 集 協 力　米倉 愛子
デザイン・DTP　前原 美奈子
校　　　正　株式会社 ぷれす
印 刷・製 本　株式会社シナノパブリッシングプレス

ISBN978-4-86588-141-7 C0011